Senta Radax-Ziegler

Sie kamen durch

Das Schicksal zehn jüdischer Kinder und Jugendlicher, die 1938/39 aus Österreich flüchten mußten

Ueberreuter

CIP-Titelaufnahme der Deutschen Bibliothek

Radax-Ziegler, Senta:
Sie kamen durch : d. Schicksal 10 jüd. Kinder u. Jugendlicher, d. 1938/39 aus Österreich flüchten mußten / Senta Radax-Ziegler. – Wien : Ueberreuter, 1988
ISBN 3-8000-1440-8

J 1399/1

Umschlag von Brigitte Schwaiger unter Verwendung eines Fotos vom Bilderdienst Süddeutscher Verlag, München

Gesamtherstellung: Carl Ueberreuter Druckerei Ges. m. b. H., Korneuburg
Printed in Austria

Für meine Kinder Theresa und Felix

Inhalt

SIEGMUND NISSEL, 16 Jahre
Vater: Silberschmied
Mit dem letzten Kindertransport 1939 nach England gerettet

Mozart im Exil

Siegmund Nissel ist einer der besten Geiger der westlichen Welt. Als Mitbegründer und Mitglied des berühmten Londoner Amadeus-Quartetts ist sein Name heute in allen Konzertsälen der Welt ein Begriff. Wie der seiner Kollegen Peter Schidlof, Norbert Brainin und Martin Lovett.
Was die Welt aber bisher kaum weiß: Sigi, Peter und Norbert, also insgesamt drei aus dem Streicherquartett, sind ursprünglich Wiener, wurden als Buben aus Wien vertrieben.
Für dieses Buch habe ich den heute 66 Jahre alten Siegmund Nissel interviewt, und zwar in der »Royal Academy of Music« in der Londoner Marylebone Road, wo er Violine unterrichtet. Wir haben als Termin fünf Uhr nachmittags vereinbart, doch ich bin schon weit vor der Zeit da, weil er am Telefon gesagt hat, daß sein Unterricht vielleicht schon früher aus sein könnte. Ich sitze im Foyer der angesehenen Musikhochschule und warte. Um mich herum ein ununterbrochenes Kommen und Gehen von jungen Musikstudenten aller Hautfarben. Schwarze mit Geigenkästen, Japanerinnen mit Cellos, Weiße mit Notenständern, englische Muttis und Vatis, die zu einem Schülerkonzert eilen.
Ich kenne Siegmund Nissel nicht, weiß nicht, wie er aus-

sieht. Werde ich ihn in dem bunten Treiben überhaupt erkennen? Wie sieht ein Mensch aus, der von sich selber am Telefon sagt, daß er »typisch jüdisch« aussieht? Die Nationalsozialisten haben in ihrer antijüdischen Propaganda ein Zerrbild gezeichnet: Der Jude hockt mit krummer Nase, gemeinem Blick, wulstigen Lippen, abstehenden Ohren und öligem Kraushaar auf einem dicken Geldsack. So sieht er sicher nicht aus. Aber wie dann? Ich schaue mir die Menschen genauer an: große, dicke, schlanke, kleine, elegante, legere, ernste, junge, alte. Ich glaube, Herrn Nissel niemals zu finden.

Auf einmal springe ich auf. Die Treppe herunter kommt – ein typischer Wiener. Mittelgroß, in schlichtem Burberry, rundliches Gesicht mit rötlichen Pausbacken, dunkelbraunes, schütteres Haar. Verschmitzt lächelnd mit raschem Schritt.

Das muß er sein, sage ich mir freudig. Und er ist es auch.

Später gestehe ich ihm, daß ich ihn daran erkannt habe, daß er eben so »typisch wienerisch« aussieht. Er aber bleibt dabei: »Nein, nein, ich habe schon viele jüdische Eigenschaften.«

Ich kann sie nicht erkennen: Siegmund Nissel könnte ein Wiener Opa vom Schrebergarten nebenan sein.

Wir einigen uns aber darauf, daß er doch eine hervorragende jüdische Eigenschaft besitzt: den jüdischen Humor. Auf Sigis Schicksalsweg erwies er sich wiederholt als sein seelischer Lebensretter.

Mit »Kennen Sie den schon?« hat er mir sofort einen Witz in dieser Art erzählt:

»Geht ein Jude durch den Rathauspark. Da kommt ein Vogerl geflogen und läßt ein Batzerl auf den Einsamen herunterfallen. Patsch. Sagt der Jude: ›Na siehst, für die Gojim singt er!‹«

Apropos Rathauspark: Die vier Musiker des Amadeus-Quartetts wurden in den siebziger Jahren, als Bruno

Kreisky österreichischer Bundeskanzler war, anläßlich der Wiener Festwochen geehrt.
Sie saßen auf dem Rathausplatz in den ersten Reihen und lauschten dem Eröffnungskonzert der Wiener Symphoniker. Ihre Anwesenheit wurde vom Festredner als besondere Auszeichnung für diese Stadt hervorgehoben.
Siegmund Nissel, der das Ehrenkreuz für Wissenschaft und Kunst der Republik Österreich erhalten hatte, war seltsam zumute.
Denn er konnte immer nur eines denken: Genau auf diesem Platz bin ich schon einmal gestanden, und auch damals war das Rathaus mit Fahnen geschmückt. Mit Hakenkreuzfahnen.
Es war ein paar Wochen nach dem Anschluß gewesen, daß Sigi mit seinem Freund Fritzl Fleischer, gleichfalls ein jüdischer Bub, einem großen Ereignis beiwohnte. Allerdings war es nur für die Hunderte von Wienern und Wienerinnen, die sich freudig erregt auf dem Rathausplatz drängten, ein erhebender Augenblick – Adolf Hitler und Joseph Goebbels zu sehen.
Für Sigi und Fritzl war es ein Alptraum, eingekeilt in der Menge stehen zu müssen. Sie waren weit und breit die einzigen ohne irgendein Hakenkreuzabzeichen und wagten deshalb nicht, sich hinauszudrängen. Nur nicht auffallen.
Sigi erinnert sich noch gut an das Gefühl der Bedrohung inmitten der begeistert jubelnden Massen: »Eine ganz starke Bedrohung, bedrückend wie in einem Kafka-Roman.« Er zitterte zum erstenmal um sein Leben. Wörtlich sagt er heute: »Wenn mir damals, im Jahr Neunzehnhundertachtunddreißig, jemand auf die Schulter geklopft und gesagt hätte: ›Sigi, in vierzig Jahren wirst du an dieser Stelle auf Einladung eines sozialdemokratischen Bundeskanzlers jüdischer Abstammung geehrt werden‹, hätte ich ihm geantwortet: ›Du spinnst wohl, du gehörst nach

Steinhof!‹ Wie hätte ich jemandem das zu dieser Zeit auch glauben können?«

Er erzählt diese Rathaus-Episode, »nur um zu beweisen, daß ich ein unheilbarer Optimist bin«.

Was er damit meint?

Er will damit nicht sagen, »daß das Gute mehr Chancen hat als das Böse. Sondern nur, daß nichts im Leben unmöglich ist«.

In der Tat ist Nissels Flucht aus Wien eine Folge von immer nur zufällig gut ausgegangenen Unmöglichkeiten: Aufgewachsen ist Sigi als Bub eines Wiener Silberschmieds und einer Wiener Schneiderin am Wolfersberg in Hütteldorf. Er hat das Elend der Wiener Zwischenkriegszeit zwar nicht selbst, doch aus nächster Nähe erlebt. Die armseligen, halbverfallenen Häuschen an der Linzer Straße. Die Hungersnot, die Kälte, die Armut der Menschen. Auf seinem Schulweg kam er einmal an einer langen Schlange von Wartenden vorüber: Es war Winter, und es hatte eben geschneit. Die Leute stellten sich zum Schneeschaufeln an. »Gott sei Dank, es gibt Schnee, da können wir uns etwas dazuverdienen«, sagte einer von ihnen. Sigi dachte erschüttert: Das kann doch nicht wahr sein, daß Menschen auf den Schnee warten müssen, damit es ihnen ein bißchen besser geht.

Für ihn tragen dieses Elend der Wiener, ihr Brotneid und ihre Mißgunst die Hauptschuld daran, daß es zu den fürchterlichen Ereignissen der Nazizeit kommen konnte, deren Opfer auch er und sein Vater wurden.

Sigis Mutter war früh gestorben. Er lebte mit seinem über fünfzigjährigen Vater allein in einer Villa mit Garten. Am 13. März 1938 und an den folgenden Tagen sah er die deutsche Armee die Linzer Straße hereinmarschieren. Er sah die begeisterte, jubelnde Menschenmenge auf den Gehsteigen. Noch ging er für kurze Zeit in das Realgymnasium in der Diefenbachgasse im XV. Bezirk. Wenige

Tage nach dem Einmarsch der deutschen Truppen kam aber schon der Schuldirektor ins Klassenzimmer und sagte nur die zwei Worte, die immer geläufiger werden sollten: »Juden raus!«

»Da muß aber auch Christus vom Kreuz herunterkommen und gehen, oder?« witzelte Sigi. Doch bald danach war ihm das Lachen vergangen, als er wie alle jüdischen Schüler ins »Judengymnasium« in der Sperlgasse im II. Bezirk gehen mußte.

Am Morgen nach der Kristallnacht, am 10. November, verabschiedete sich Sigi wie jeden Morgen von seinem Vater. Nichts deutete auf einen besonderen Tag hin. Von den brennenden Synagogen und Tempeln hatten sie so weit draußen am Stadtrand nichts gemerkt.

Erst vor der Schule in der Sperlgasse merkte Sigi, daß sich etwas zusammenbraute. Vor der Tür des Gymnasiums hatte sich eine wütende Menschenmenge versammelt. Am Vortag hatte der Volksempfänger, wie damals ein kleiner, billiger Radioapparat hieß, gemeldet, daß der deutsche Diplomat Ernst vom Rath in Paris von dem siebzehnjährigen Polen Herschel Grynzspan ermordet worden war.

Daß dieser Mord die verzweifelte Tat eines jungen Menschen war, dessen Eltern aus Hannover nach Polen deportiert wurden, berichteten die Meldungen des Hörfunks nicht. Es hätte wohl auch nichts genutzt.

Dieser tödlische Schuß auf einen Deutschen war der Anlaß für die beiden schrecklichen Nächte, in der zahllose jüdische Einrichtungen, Geschäfte und Wohnungen von Berlin bis Wien zertrümmert, zahllose jüdische Mitbürger mißhandelt, gelyncht oder deportiert wurden.

Schuldirektor Kellner vom Gymnasium in der Sperlgasse fürchtete, daß der aufgebrachte Menschenhaufen mit seinem »Juda, verrecke«-Geschrei dasselbe mit seinen Schülern vorhatte. Er ließ das Schultor absperren, rief alle Eltern an, die ein Telefon besaßen, sie sollten ihre Kinder so

rasch wie möglich beim Hinterausgang der Schule abholen, er könne für ihr Leben nicht mehr garantieren.
Der Abtransport der Kinder ging unbemerkt von der mit Knüppeln am Haupttor wartenden Menge vor sich. Auch Sigi rief unverzüglich, nachdem er das Schulhaus verlassen hatte, zu Hause bei seinem Vater an. Niemand meldete sich. Sigi versuchte es dreimal und ließ es lange läuten. Nichts. Von Nachbarn, die er danach anrief, erfuhr er: »Komm besser nicht nach Hause, dein Vater wurde verhaftet und mitgenommen, wahrscheinlich kommt er nach Dachau.«
Entsetzen überwältigte den Sechzehnjährigen. Im nächsten Augenblick kam aber schon der Gedanke: Wie hole ich meinen Vater da raus? Sigi wußte in diesem Augenblick, noch in der Telefonzelle, daß *er* jetzt von beiden der Erwachsene sein mußte. Jetzt mußte *er* für seinen Vater handeln.
Sigi dachte schon längere Zeit an Flucht. Im Gegensatz zu seinem Vater, der das herannahende Unheil nicht so recht wahrhaben wollte. »Mein Vater war immer so ein Österreicher und so ein Wiener, daß er überhaupt nicht merken wollte, daß etwas Schreckliches vor sich ging.« Noch schlimmer: Je mehr ihm der Ernst der Lage dann doch dämmerte, um so hilfloser wurde er.
Sigis Vater hatte fünf Brüder, die alle als patriotische Österreicher im Ersten Weltkrieg in der österreichischen Armee gekämpft und Auszeichnungen erhalten hatten. Sie gehörten dem »Verband der jüdischen Frontkämpfer« an, Veteranen, die immer wieder in Erinnerung an Altösterreich zusammenkamen. An diese wandte sich nun Sigi, sie mögen sich doch für Vaters Freilassung einsetzen. Der Plan funktionierte. Irgendein altösterreichischer General intervenierte bei einem deutschen General, und es half: Die Freilassung aller ehemaligen Frontkämpfer wurde versprochen, unter der Bedingung, daß sie auswanderten.

»Auswandern« konnte man nur mit Hilfe eines Verwandten oder Freundes im Ausland, wenn dieser seinem Staat garantierte, daß der Einwanderer nicht ihm, dem Staat, sondern nur dem Fürsprecher zur Last fallen würde.
»Das wäre genauso«, sagt Siegmund Nissel, »wenn ich Ihnen heute sage, wenn Sie nach Fidschi wollen, dann müssen Sie jemanden in Fidschi finden, der für Sie garantiert. Aber bitte, wer hat schon Bekannte in Fidschi?«
Aber Sigi und sein Vater hatten überhaupt keine Verwandten, Freunde oder Bekannte irgendwo im Ausland.
Er ging von da an nicht mehr zur Schule. Da er zu Hause nicht wohnen konnte und es auch für die Schwester des Vaters – obwohl mit einem Christen verheiratet – zu riskant war, einen jüdischen Buben zu beherbergen, schlüpfte er für kurze Zeit bei Nachbarn der Tante unter. Tagsüber hatte er genug damit zu tun, seine und seines Vaters Auswanderung vorzubereiten.
Wie Hunderte Wiener Juden damals hatte auch Sigi sich zu diesem Zweck das Telefonbuch von New York in einem Postamt besorgt und Adressen daraus abgeschrieben. Familiennamen, die so ähnlich klangen wie seiner, weil vielleicht doch ein Verwandter darunter sein könnte. Er ließ unzählige Briefe an wildfremde Personen los, sie mögen doch bitte für ihn und seinen Vater »garantieren«. Niemand antwortete ihm.
Mittlerweile hatte sein anderer jüdischer Onkel, der mit einer »Arierin« verheiratet war, folgende Vereinbarung mit seiner Frau getroffen: Sie wollten sich offiziell scheiden lassen, damit das Geschäft, das beide gemeinsam führten, als »arisches« Geschäft der Frau zufallen würde. Als »jüdisches Geschäft« wäre es ja »arisiert«, das heißt, ihnen weggenommen worden. Der Onkel sollte flüchten und schickte zu diesem Zweck eine stattliche Summe, 300 englische Pfund, was viel Geld war, nach London voraus. Die Empfänger des Geldes, eine private Hilfsor-

ganisation, sollten den Erhalt bestätigen, um damit den Aufenthalt des Onkels in England garantieren zu können. Für die Zeit, die er wartend verbringen mußte, zog der Onkel zu Sigi in die Wohnung, die drei Wochen nach dem Abtransport des Vaters von der SS wieder freigegeben worden war.

Die Ereignisse überstürzten sich nun. Am 3. Januar 1939 kam der Vater aus Dachau zurück. Sigi stand zum Empfang mit Onkel und Tante am Gartentor. Sie sahen einen dünnen, kahlgeschorenen Mann heranwanken, den sie nur fassungslos anstarrten. Keiner wagte die Frage: »Wie geht's dir?«

Der Vater hatte das Entsetzen auf den Gesichtern der anderen sehr wohl bemerkt. Noch bevor jemand ein Wort sagen konnte, rettete er die Situation mit einem jener Witze, die mit dem Schrecklichen Scherz treiben, weil die Wirklichkeit zu grauenhaft ist, um sie zu erfassen. Diese Eigenheit kann nur in einem Volk entstehen, das jahrhundertelang Bitternis und Demütigungen zu ertragen und zu überwinden gelernt hat.

»Ich muß euch einen Witz erzählen«, sagte der abgemagerte, vor Kälte blauverfärbte Schatten seines Vaters: »Kommt ein Jude aus Dachau nach Hause und wird gefragt: ›Wie wars?‹ Sagt er: ›Phantastisch! Du weißt ja, wir Juden essen meist ein bissel zu viel, wir sind meist etwas zu dick. Die wollten haben, daß wir ein bissel schlanker werden, und so mußten wir alles im Laufschritt machen. Und wie die aufgepaßt haben – phantastisch! Da war ein elektrischer Zaun, ein Turm, wo Männer mit Maschinengewehren standen, Bluthunde, Gräben. Und stellt euch vor, ich bin doch hineingekommen!«

Da wußte Sigi, daß sein Vater zwar geschunden, aber nicht gebrochen worden war. Er war eingeschüchtert und noch etwas hilfloser als früher, aber sein Geist war nicht zerrüttet worden wie der vieler Leidensgenossen.

In diesem Januar 1939 waren Sigis Vorbereitungen für eine Flucht noch nicht sehr weit gediehen. Sein Freund Fritzl Fleischer war mittlerweile mit seinen Eltern und seinen drei Schwestern nach England entkommen. Eine Familie hatte sie bei sich aufgenommen. Aber Fritzl Fleischer gab keine Ruhe. »Mein Freund Sigi Nissel ist noch in Wien, er muß gerettet werden. Bitte rettet ihn!« Fritzl erreichte auch wirklich, daß mit einem der nächsten Kindertransporte – es sollte dann der letzte nach England sein – Sigi mitkommen konnte.

Ende Januar sollte der Zug abgehen. Doch vorher erlebte Sigi noch Erschütterndes in Wien.

Er hatte mit seinem Onkel am Abend noch Préférence gespielt, wie jeden Abend, seit der Vater aus Dachau zurückgekommen war. Dem Onkel war nichts Besonderes anzumerken gewesen. Bedrückt war er schon immer, seit er von seiner »arischen« Frau getrennt lebte. Dazu kam noch, daß die Mitteilung aus England, daß das Geld angekommen sei, noch immer nicht eingetroffen war. Müde und schweigsam begaben sie sich spät nachts zur Ruhe.

Sigi, der am Morgen immer als erster aufstand, fand den Onkel tot in der Küche. Er hatte mit Gas seinem Leben ein Ende gemacht. Vorher hatte der Verzweifelte noch die Tür mit Watte abgedichtet, damit das Gas nicht entweichen konnte und die anderen gefährde. Neben dem Toten lag ein Zettel: *Wenn das Geld in England doch auftauchen sollte, dann gehört es Dir, Sigi.*

Viel später hat Sigi in London die Sache aufklären können. Das Geld war angekommen, nur wußten die Leute, die offenbar viele solche Geldbeträge in Obhut bekamen, nicht mehr, wohin sie nun dafür die Aufenthaltsgarantie schicken sollten. Es war keine böse Absicht gewesen, sondern ein Mißgeschick, das dem Onkel aber das Leben kostete. Das Geld hatte Sigi dann auch tatsächlich erhalten.

Jetzt aber kommt noch eine Episode, die für Sigis weiteres

Leben von größter Bedeutung sein sollte. Auf seine Reise in die Emigration wollte sein Vater ihm noch etwas Schönes, Wertvolles, Bleibendes mitgeben. Er kaufte ihm eine Geige. Sigi hatte von seinem sechsten Lebensjahr an Geigenunterricht gehabt. Er hatte einmal in den Ferien in einem Urlaubsort einen Geiger spielen gehört, und das hatte ihm so gefallen, daß er das Geigenspiel erlernen wollte. Zuerst unterrichtete ihn eine Klosterschwester, dann aber meinte die Mutter eines Freundes: »Der hat mehr Talent, der muß zu einem guten Lehrer geschickt werden.« Was auch geschah. Zu dem Zeitpunkt, als die Nazis in Wien einmarschierten, erhielt er Unterricht von dem Wiener Philharmoniker Max Weissgerber.
Daß das Geigenspiel einmal sein Beruf werden sollte, lag ursprünglich nicht in der Absicht des Vaters. Er hatte zwar, wie viele bürgerliche Eltern, sein Kind durchaus gerne ein Instrument erlernen lassen, wenn es aber um die berufliche Zukunft ging, dann war seine Meinung, daß sein Bub einmal »etwas Anständiges« werden sollte: Arzt, Ingenieur oder Rechtsanwalt.
Sigi selbst hatte sich damals noch für keinen Beruf sicher entschieden. Er wollte Wissenschaftler werden. Oder vielleicht doch Musiker? Als der Vater Professor Weissgerber dennoch einmal fragte, ob die Geige für Sigi unter Umständen zum Broterwerb werden könnte, antwortete der Professor: »Ja, aber da müßten wir anders arbeiten, mindestens dreimal die Woche!«
Für Sigi war diese Erklärung ein kleiner Schock. Denn es war ihm bis dahin nicht aufgefallen, daß er nicht genug mit der Geige gearbeitet hatte. Freilich spielte er in seiner Freizeit sehr gerne Fußball, aber er war doch der Meinung, daß er immer sehr viel geübt hatte.
Und nun erzählte Sigi, wie die Notsituation der auswandernden Juden von ihren hochwertigen »arischen« Mitbürgern immer wieder ausgenützt wurde. Weder sein Va-

ter noch er verstanden etwas von guten Geigen. In dem großen Instrumentengeschäft, das es heute noch in Wien gibt, drehte man ihnen aber für viel Geld eine schlechte Geige an. Sigi erfuhr später in England, daß die Qualität des Instruments zu dem gezahlten Preis in keinem Verhältnis stand.

Als er im Zug von Wien nach Holland saß und dann weiter nach London reiste und sein neuer Geigenkasten im Gepäcksnetz über ihm lag, kreisten alle seine Gedanken aber um das eine Problem, wie er seinen Vater aus Wien herausbekommen könnte.

Nach seiner Ankunft im Londoner Sammellager wurde Sigi einer englischen Familie als Hausdiener zugeteilt. Und sofort versuchte er, seinem Vater zu helfen. Er tat etwas Außergewöhnliches, etwas, wo ihm heute wahrscheinlich sämtliche Wohnungstüren vor der Nase zugeschlagen würden: Man stelle sich vor, ein nicht eben gutgekleideter, die Landessprache nur gebrochen sprechender junger Mensch geht von Tür zu Tür, läutet an und erklärt völlig fremden Leuten: »Mein Vater ist noch in Wien, bitte übernehmen Sie für ihn die Garantie, damit er auswandern kann!«

Sigi war unermüdlich. Auf diese Art und Weise stand er eines Tages auch vor der Haustür des Bürgermeisters eines kleinen Stadtteils von London, der sofort bereit war, ihm zu helfen. Er arbeitete in der Stadtregierung, kannte sich mit den Formalitäten aus und wußte, welche Formulare in welchen Abteilungen beim britischen Innenministerium einzureichen waren. Sehr bald waren die Garantien und Einreisebewilligungen beisammen. Noch rechtzeitig vor Kriegsausbruch auf dem europäischen Festland.

Es war Sommer, gegen Ende August 1939. Sigi hatte sich einer Pfadfindergruppe angeschlossen, die einen Ausflug ins Grüne machte. Da las er in einer englischen Zeitung vom »Pakt zwischen Ribbentrop und Molotow«, zwischen dem deutschen und dem russischen Außenminister. Sigi ahnte, daß sich durch die Unterzeichnung des Nichtangriffspaktes zwischen dem Deutschen Reich und Rußland die Lage in Europa gefährlich zuspitzte. Es könnte Krieg geben, und sein Vater würde dann nie mehr ausreisen können.

So wie er war, raste Sigi mit dem Fahrrad nach London zurück, zu den Leuten, bei denen er wohnte, und versuchte in Wien anzurufen. Alle Leitungen waren bereits blockiert. Erst gegen 3 Uhr früh erreichte er seinen ahnungslosen Vater und brüllte ihm folgendes ins Ohr: »Du nimmst den nächsten Zug, den nächsten Autobus oder das Fahrrad und verläßt Österreich, *sofort.* Keine Ausrede, keine Widerrede. Du schickst mir *sofort* ein Telegramm, wann du in London ankommst. Schluß jetzt mit Wenn und Aber, du kommst *sofort!*«

Der Vater folgte aufs Wort. Ein Telegramm kam, das die Ankunft in der Liverpoolstreet-Station ankündigte. Sigi war pünktlich zur Stelle. Was nicht kam, war der Zug.

Sigi malte sich das Fürchterlichste aus. Die Grenzen in Europa waren mittlerweile schon geschlossen, die Züge für Truppentransporte beschlagnahmt. Der Zug, mit dem Vater kommen sollte, wird nicht mehr abgefahren sein, fürchtete Sigi. Er ging nervös den düsteren Bahndamm auf und ab. Da, eine Durchsage im Lautsprecher: Der Zug kommt doch.

Und plötzlich war er da, wenn auch mit Verspätung, der Zug, der die letzten Flüchtlinge brachte, die noch aus der Ostmark herauskonnten. Der Vater stieg aus. Das Wiedersehen war so verzweifelt-selig, daß Siegmund Nissel selbst heute, über 65 Jahre alt, bei unserem Gespräch in der Königlichen Musikakademie keine Worte dafür findet. Der alte Mann weint, überwältigt von der Erinnerung. Erst viel später spricht er wieder, erzählte jetzt von Zeiten, die heller zu werden begannen.

Nun waren Vater und Sohn in England vereint. War Sigi vor dem Krieg »Feindesausländer« gewesen, so erhielt er nun zusammen mit seinem Vater den Status eines »freundlich gesinnten Feindesausländers«.
England hatte am 3. September dem Deutschen Reich den Krieg erklärt. Nun wurden alle Flüchtlinge aus Österreich und Deutschland in einem Lager zusammengezogen. Es hätte ja sein können, daß ein Spion unter ihnen war.
Zuerst waren die Internierten auf einem Rennplatz untergebracht, es war Spätsommer, und sie konnten im Freien unter den Tribünen schlafen. Dann wurden sie in einen Vorort von Liverpool transportiert, wo sie ein neuerbautes, aber noch nicht bewohntes Arbeiterwohnviertel zugewiesen bekamen. Immerhin waren allein in diesem Lager an die 2 000 Menschen. Schließlich kamen sie auf die zwischen Irland und England gelegene kleine Insel »Isle of Man«. Nie aber wurden sie schlecht behandelt, auch wenn rund um jedes Lager ein Stacheldraht lief.
Für Sigi wurde dieses dritte Internierungslager zum entscheidenden Wendepunkt seines Lebens. In diesem, vorwiegend mit Flüchtlingen aus Berlin, Prag und Wien vollgestopften Lager lernte er nicht nur eine Menge gebildete Menschen kennen, die viel von Musik verstanden, sondern auch Peter Schidlof und Norbert Brainin, beide ein halbes Jahr jünger als Sigi und beide aus Wien.
Peter Schidlof war schon vor ihm mit einem früheren Kindertransport aus Wien in England angekommen. Seine Eltern hatten in Göllersdorf, Niederösterreich, ein kleines Geschäft, wurden aber von der dortigen Bevölkerung so schikaniert, daß sie nach Wien in den II. Bezirk zogen. Peter Schidlof hatte seine Eltern nicht mehr aus Wien retten können. Sie mußten dort bleiben und kamen in einem Vernichtungslager um. Peter sprach nie darüber. Er verdrängte den Tod seiner Eltern aus seinem Bewußtsein. Erst viel später, als sie beide schon über 50 Jahre waren,

sagte er einmal zu Sigi: »Weißt du, wenn ich die Augen zumache, kann ich mir nicht einmal mehr vorstellen, wie meine Eltern ausgesehen haben.«
Der zweite Freund, Norbert Brainin, dessen Eltern schon lange gestorben waren, stammte aus einer reichen Familie. Ein Onkel von ihm war Mitinhaber zweier Pelzgeschäfte. Eines in Wien und eines in London, so war es für Norbert weniger schwierig gewesen, rechtzeitig auszureisen.
Die Buben begannen miteinander zu musizieren. Kleine Kammermusik, kleine Symphonien, lustige Walzer und fröhliche Stücke. Die Menschen im Lager hörten ihnen gerne zu, wenn sie ein »Konzert« gaben. Mehr noch: Einige von ihnen schrieben an Professor Max Rostal, der an der Berliner Musikhochschule als Kapazität im Geigenspiel gegolten hatte. Durch Zufall war Rostal, obwohl Emigrant, nicht ins Lager gekommen, sondern in London geblieben. Die Gönner der Buben schrieben ihm, daß hier drei hochtalentierte Jungen seien, ob er sie nicht unterrichten wolle, wenn sie aus dem Lager heraus wären. Das hatte Max Rostal dann auch getan.
Das Lagerleben dauerte nicht lange. Die Engländer sahen bald ein, daß die Internierung der Flüchtlinge ein Fehler war, und nach und nach wurden die Insassen entlassen. Die Gründe dafür waren allerdings genau aufgezählt: Gehen durfte nur,
wer einen wichtigen Betrieb zu leiten hatte,
für wen die Internierung eine Trennung von seiner bereits in England ansässigen Familie bedeutete,
wem sie aus gesundheitlichen Gründen nicht länger zuzumuten war, oder
wer eine Arbeit »von größter nationaler Wichtigkeit« zu leisten vermochte.
Norbert Brainin konnte zu seinen Londoner Verwandten zurück. Für die Freunde Sigi und Peter lag aber zunächst kein Entlassungsgrund vor. Bis sie eines Tages einer ihrer

Zuhörer darauf aufmerksam machte, daß sie doch »artists of eminent distinctions« seien.
Es klappte. Sie waren nunmehr nicht nur frei, sondern sogar »Künstler von hoher Auszeichnung«. Sie wohnten nun bei einem Freund, verrichteten vormittags »Arbeit von nationaler Wichtigkeit«, Sigi in einem Londoner Schmelzwerk, wo er Späne sammelte, aus denen wieder »kriegswichtige Güter« hergestellt werden konnten, Peter bei einem Zahntechniker. Nachmittags nahmen sie Geigenunterricht bei Max Rostal. 1948 gründeten sie gemeinsam mit dem Londoner Cellisten Martin Lovett das »Amadeus-Quartett«. Norbert Brainin spielte die erste Geige, Sigi Nissel die zweite, Peter Schidlof die Viola.
Schon bei ihrem ersten Konzert in London war der Saal ausverkauft. Nicht so sehr von Verwandten, wie dies sonst bei ersten Konzerten der Fall ist, sondern von unzähligen Freunden, die sie bereits aus dem Lager als Musiker kannten und die ihnen eine ganz große Karriere voraussagten, welche unter dem »Schutze« Mozarts nun auch begann.
Warum sie sich nach diesem großen österreichischen Musiker benannten? Ob aus Sympathie, weil sie wußten, daß auch Mozart in dem engen Wien nie glücklich gewesen war und sich zeit seines Lebens nach England zurückgesehnt hatte, wo er auf seiner langen Tournee als Kind mit seinem Vater gewesen war? Sigi und seine Freunde hat die Tatsache, daß der Namenspatron ihres Quartetts aus Österreich stammt, nie irritiert.
Nur Sigis Vater ist nach dem Krieg in seine geliebte Heimat zurückgekehrt. Er war ein solcher Ur-Österreicher, daß er es nirgendwo anders aushielt. Er kehrte knapp nach der Gründung des Quartetts wieder nach Österreich zurück. Seinem Schwager Edi, dem christlichen Ehemann seiner Schwester, war es gelungen, während des Krieges seine jüdische Frau zu schützen. Sie hat überlebt. Als der

Krieg vorüber war, zeigte es sich aber, daß die Aufregungen für sein Herz zu groß gewesen waren. Edi starb an einem Schlaganfall. Der Vater lebte dann mit seiner Schwester in Wien zusammen. Ob er doch noch einmal glücklich geworden ist?
Sigi weiß auf diese Frage wieder einen »typisch jüdischen Witz«: »Fragt in New York ein Flüchtling den anderen: ›Bist du happy?‹ Sagt der andere: ›Ja, happy bin ich schon, aber glücklich bin ich nicht!‹«
Das Amadeus-Quartett wurde sehr spät, erst in den sechziger Jahren, ins Wiener Konzerthaus eingeladen. Sigi, Peter und Norbert sahen zum erstenmal die Stadt wieder, die ihr Zuhause gewesen war und die sie ausgebürgert hatte. Lovett, der Nicht-Wiener, spürte, daß in seinen drei Kollegen etwas Besonderes vorging. »Wir waren sehr aufgeregt«, erinnert sich Sigi. »Wir haben ganz anders gespielt als sonst. Vielleicht noch konzentrierter. So, als wollten wir dieser Stadt zeigen, was sie an uns verloren hat.«

Siegmund Nissel spielt und unterrichtet heute in vielen großen Städten der Welt. Auch zeitweise am Mozarteum in Salzburg. Er ist oft und gerne immer wieder nach Wien zurückgekommen. Nachdem im August 1987 Peter Schidlof gestorben war, haben die Freunde ihre Konzertreisen eingestellt. Sigi hat von Österreich nie Schadenersatz oder Wiedergutmachung bekommen. Er hat auch keine verlangt. Die einzige »Wiedergutmachung«, die er sich wünscht: »Daß so etwas nie wieder passiert. Nie wieder. Keinem Volk der Welt.«

EGON SCHWARZ, 17 Jahre
Vater: Handelskaufmann
1939 nach Bolivien geflüchtet

Bolivien - wo liegt das nur schnell?

Schon in der Volksschule hat Egon beim letzten Läuten so schnell wie möglich seine Sachen zusammengepackt. Wenn seine Mitschüler ihn nicht erwischen sollten, mußte er der erste beim Schultor draußen sein. Er floh immer wie in Panik.
»Komm so schnell nach Hause, wie du kannst«, war das einzige, was ihm seine Eltern zu seinem Schutz raten konnten. Es war auch wirklich das einzige, was Egon tun konnte. Denn immer schon hatte irgendwo eine Truppe von Kindern auf ihn gelauert.
»Jud', Jud', bist a Jud'«, grölten sie, wenn sie ihn sahen. Doch das war noch harmlos. Meist rannte ein kleiner Trupp seiner Mitschüler hinter ihm her, um ihn zu verprügeln. Sehr oft mit Erfolg. Denn sie waren immer viele. Er war immer allein.
Egon wohnte mit seinen Eltern in der Geologengasse im III. Wiener Gemeindebezirk, in dem nicht sehr viele Juden lebten. Im Unterschied zur Leopoldstadt oder Brigittenau, wo der Großteil der aus dem Osten der Donaumonarchie noch unter Kaiser Franz Joseph zugewanderten Juden wohnte. Auch Egons Eltern waren noch vor dem Ersten Weltkrieg in die Reichs- und Residenzstadt gezogen, um hier Wohnung und Arbeit zu finden und eine Familie zu gründen.

Egons Eltern, Erna und Oskar Schwarz, unterschieden sich vom Großteil der zugewanderten Ostjuden. Von dem Augenblick an, wo sie sich in Wien niederließen, gaben sie sich nicht mehr orthodox, strenggläubig. In die Synagoge, in die ein frommer Jude täglich zum Beten gehen sollte, gingen sie nur zweimal im Jahr zu den hohen Feiertagen – Neujahr und Versöhnungstag. Die Sophiensäle im III. Bezirk wurden dann immer in ein Bethaus verwandelt, weil viele Juden Wiens damals nur an diesen zwei hohen Feiertagen zum Beten und Singen zusammenkamen, so daß die vorhandenen Bethäuser und Tempel nicht ausreichten.
Auch den Sabbat, den heiligen Ruhetag der Juden, der von Freitag abends bis Samstag abends dauert, hielten die Schwarz nur halbherzig. Eher nur der frommen Großmutter zuliebe, wenn diese aus dem nahen, mit nur einer Stunde Eisenbahnfahrt zu erreichenden Preßburg zu Besuch kam. Im übrigen wollten Egons Eltern so sein »wie die anderen«. Das höchste Streben der Mutter war es, eine richtige Wiener Dame zu werden. Dazu war ihr nichts wichtiger, als nur ja nicht aufzufallen. Es war ihr ein Greuel, wenn jemand »typisch jüdisch« aussah, etwa wegen der Haartracht der orthodoxen Juden mit den Locken vor dem Ohr oder weil er die schwarze Kleidung trug. Oder gar eine krumme Nase hatte. Das größte Glück von Egons Mutter bestand darin, daß sie alle drei nicht typisch jüdisch aussahen.
Egon trug selbstverständlich kein »Jarmekel«, kein kleines rundes Käppchen auf seinen schwarzen Locken, wie fromme Juden es trugen. Er hatte auch stets Lederhosen an wie alle anderen Buben seines Alters, war nicht besonders klein und schmächtig, kurz, er sah überhaupt nicht anders aus als seine Mitschüler.
Wie ein Großteil der jüdischen Bewohner der Leopoldstadt und der Brigittenau, die zwar fleißige, aber arme Handwerker, Händler und Geschäftsleute waren, war

auch Egons Vater finanziell nie »auf einen grünen Zweig gekommen«, wie Egons Mutter diese Erfolglosigkeit immer nannte. Egons Vater war und blieb völlig geschäftsuntüchtig.

Er hatte zwar mit allen möglichen Artikeln zu handeln versucht – darunter mit Schreibwaren, Milchprodukten, Ohrenschützern, Pullmanmützen, Parfüm und Wäsche. Doch ist ihm nie der große Aufschwung gelungen. Die Schwarz sind nie zu Vermögen oder gar Reichtum gekommen. Der Vater konnte die kleine Familie nur notdürftig durch die schwere Zeit der Wirtschaftskrise und Massenarbeitslosigkeit der zwanziger und dreißiger Jahre dieses Jahrhunderts bringen.

Die Wohnung war – wie die meisten Wohnungen des Kleinbürgertums damals – winzig und nach heutigen Gesichtspunkten eher primitiv. Ein schmaler Vorraum, eine altmodische Küche, ein Wohnzimmer, in dem Egon nachts auf dem Sofa schlief, und ein einfenstriges Kabinett als Schlafzimmer der Eltern. Kein Badezimmer. Gewaschen hatte man sich an der Wasserleitung, und das wöchentliche Bad nahm man in einem Schaff in der Küche, in dem das im Ofen erhitzte Wasser mit kaltem gemischt wurde. In Egons frühester Kindheit – er wurde 1922 geboren – kam es zur Verwandlung des hölzernen Plumpsklos in ein englisches Wasserklosett, was für den damaligen hygienischen Standard einen ungeheuer großen Fortschritt bedeutete.

Egon war also weder vermögender noch fühlte er sich »besser« als die anderen Buben. Im Gegenteil: Er wäre gerne einer der ihren gewesen. Den anderen Buben genügte es aber, daß er einer anderen Religionsgemeinschaft angehörte, um ihn zu ihrem Feind zu erklären.

Für den Judenhaß und Antisemitismus unter Jugendlichen in dieser Zeit vor 1938 waren zwei Dinge charakteristisch: daß die Schläger immer in Gruppen auftraten und daß die Opfer sich viel zu selten wehrten.

Auch Egon wäre es nie in den Sinn gekommen, zurückzuschlagen. Höchstens, wenn einmal einer mit ihm lief, der ihn, was auch manchmal geschah, verteidigen wollte. »Dann haben wir auch gekämpft«, erzählte er, »dann haben wir uns gewehrt und auch ein paarmal die anderen in die Flucht geschlagen.«

Meistens aber blieb er ohne Hilfe. Auch seinem Vater oder seiner Mutter wäre es damals nie eingefallen, wenn Egon aus der Nase blutend oder mit zerrissenem Hemd nach Hause gekommen war, am nächsten Tag in die Schule zu gehen, sich beim Direktor oder beim Klassenlehrer zu beschweren, damit dieser für Bestrafung sorgte.

Die Eltern wollten ja vor allem eines nicht – unangenehm auffallen. Sie wollten Aufsehen vermeiden, das Interesse nicht noch mehr auf sich ziehen. Außerdem wußten sie ja nur zu gut, daß ihnen doch niemand geholfen hätte. War doch die Mehrheit der Erwachsenen judenfeindlich eingestellt. Was Egon in der Volksschule erlebte, erlebten seine Eltern auf andere Weise in ihrer Welt: In Zeitungen, im Radio, in den Kaffeehäusern – überall galten Juden als unerwünscht.

Egon oder seine Eltern hätten es nie gewagt, gegen diese Ungerechtigkeit aufzubegehren. Sie hielten dieses Leben mit den kleinen und größeren Gehässigkeiten gegen sie bis zu einem gewissen Grad für in Ordnung. Sie liebten Wien, als guter Österreicher hatte der Vater ja auch im Ersten Weltkrieg gekämpft. An den Sonntagen wanderten Egon und sein Vater durch den Wienerwald, tranken abends ein Kracherl in einem Wirtshaus und glaubten, daß es nur eine Frage der Zeit sein würde, bis die anderen Wiener sie gleichfalls als Wiener akzeptierten.

Doch es sollte ganz anders kommen. Im Schuljahr 1937/38 war Egon Schüler der 6. Klasse Realgymnasium in Wien I., auf der Stubenbastei. Er war nun schon längst nicht mehr der einzige jüdische Schüler, mit ihm war mehr als ein Drittel der Klasse mosaischen Glaubens, darunter die Klassenkameraden Arthur Kupfermann, Herbert Lamm, Paul Liechtenstern, Heinrich Grünwald und Georg Temmer. Ihr Religionsbekenntnis war in den Schulformularen eingetragen, sie waren vom katholischen Religionsunterricht befreit, sind meist aber doch in der Klasse geblieben, denn wo hätten sie denn die eine Stunde am Vormittag hingehen sollen? Ein Großteil dieser Schüler besuchte nachmittags – oder nicht selten auch schon zeitig in der Früh vor der Schule – den eigenen Religionsunterricht in einer der zahlreichen jüdischen Gebets- oder Talmudschulen.

Jetzt hatte Egon immer wieder Freunde, die ihn ein Stück nach Hause begleiteten. Darunter auch einige Nichtjuden, Protestanten oder solche, die gar kein Religionsbekenntnis angegeben hatten.

Vor allem an der Freundschaft eines Mitschülers war ihm besonders gelegen. An der Freundschaft mit Hans Zukker, der aus reicher Wiener Familie stammte und besonders gute Manieren und einen erlesenen Geschmack besaß. Von ihm bekam Egon oft gute Bücher geborgt, zu ihm fühlte sich Egon aber auch freundschaflich hingezogen.

Welcher Religion Hans angehörte, hatte Egon zunächst gar nicht interessiert. Bis Hans ihm eines Tages eine wirklich groteske Geschichte erzählte:

Hans, dessen Eltern Protestanten waren, war selbst christlich getauft. Im Haus seines Großvaters verkehrten bedeutende österreichische Politiker und Wirtschaftstreibende. Bundeskanzler Ignaz Seipel hatte dem Großvater sogar einmal einen Sitz in der Regierung angeboten. Weil sie wohlhabend waren, hatte Hans selbstverständlich auch eine Gouvernante, die den umsorgten Buben überallhin begleiten mußte.

Eines Tages kamen sie – Hans war neun Jahre alt – an der

Universität vorbei. Auf der großen Rampe vor dem Hauptportal wurden gerade Studenten verprügelt. Jüdische Studenten von deutschnationalen Kommilitonen. Was damals häufig vorkam.
Hans stand in der Nähe und ließ sich von seiner Erzieherin erklären, was hier geschah.
»Fein«, rief der Neunjährige dann, »sollen sie diese Saujuden doch nur verhauen!«
Die Gouvernante erstarrte, nahm Klein Hans an der Hand und führte ihn nach Hause. Sie ging schnurstracks zu seinen Eltern und machte ihnen eine Szene: »Sie dürfen Hans doch nicht in dem Glauben lassen, daß alle Juden schlecht sind. Das ist doch eine Katastrophe. Sie müssen ihm die Wahrheit sagen!«
Die Wahrheit: Hans und seine Eltern waren selber Juden. Zwar getaufte, aber von ihren Großeltern und Urgroßeltern her jüdischer Abstammung.
Für Hans war diese Wahrheit ein Schock. Er war vom herrschenden Judenhaß schon so vergiftet gewesen, daß er alles Jüdische zutiefst verachtete. Er war Antisemit, wie viele Wiener Großbürgerkinder, und ist es auch geblieben.
Daß Hans mit dem Judentum seiner Großeltern nichts zu tun haben wollte, es sogar haßerfüllt ablehnte, hat ihn übrigens nicht geschützt. Auch er mußte fliehen.
Schon in den Monaten vor dem 12. März, vor dem Einmarsch der deutschen Truppen, war Egon aufgefallen, daß sich ein Teil der »arischen« Klassenkameraden in den Pausen neuerdings absonderten. Verschwörerisch steckten sie ihre Köpfe zusammen und tuschelten. Ging Egon an ihnen vorüber, hielten sie in ihrem Geflüster inne, sahen ihm aber so abfällig grinsend nach, wie dies bisher nicht gewesen war. Bisher hatten sie alle mehr oder weniger zusammen am Gang »Hasenöhrl« gespielt, eine Art Gangfußball mit einem fest geknäuelten Taschentuch.

Jetzt ging plötzlich eine spürbare Kluft durch die Klasse. Die Buben in den weißen Kniestrümpfen, die im Deutschen Reich Zeichen der Hitlerjugend waren, bildeten immer öfter eigene Gruppen und taten so, als wüßten sie etwas, was sie vor den anderen geheimhalten sollten.
Egons Mutter war kurz vor der für den 13. März geplanten Volksabstimmung zu ihren Eltern nach Preßburg auf Besuch gefahren, wollte aber rechtzeitig wieder in Wien sein, um – wie alle patriotischen Österreicher – ihre Stimme für ein selbständiges, unabhängiges Österreich abzugeben. Doch dazu sollte es nicht kommen. Am 12. März marschierten die deutschen Truppen ein, besetzten das Land und erklärten es zum Teil des Deutschen Reichs. Zug um Zug zog sich auch um Egon ein Netz der Lebensbedrohung zusammen. Zunächst blieb für ihn wie für alle seine Klassenkameraden das Gymnasium auf der Stubenbastei geschlossen. Deutsche Soldaten hatten nun dort ihre Unterkunft, wo die Wiener Buben vorher büffelten. Alle Stubenbastei-Schüler erhielten zunächst noch einige Zeit Nachmittagsunterricht im nahen Akademischen Gymnasium. Das wäre weiter nicht schlimm gewesen, wenn dort nicht schon einzelne Lehrer in SA-Uniform – braunes Hemd, braune Hose, schwarze Stiefel – aufgetreten wären.
Dann hieß es, daß sich alle Schüler beim Schulwart die Broschüre abholen sollten, die ihnen die Nürnberger Rassengesetze erklärte. Diese 1935 beschlossenen Rassengesetze waren die juristische Basis für die Diskriminierung und Verfolgung der Juden. In der Broschüre wurde erklärt, wie viele jüdische Großeltern genügten, um als Jude oder zumindest »jüdischer Mischling« zu gelten. Für Egon und die meisten seiner Kameraden war alles klar. Sie brauchten in ihren Stammbäumen nicht lange zu suchen. Sie fielen mit zwei jüdischen Großelternpaaren eindeutig in die Rubrik »Volljude«, und außerdem nahmen

sie aktiv am jüdischen Religionsunterricht teil. Nichtjude war nur, wessen beide Großelternpaare arisch waren.
Für einen Teil der Klasse begann nun ein Zittern und Raten. Sie selbst waren ohne Religionsbekenntnis oder getauft, je nachdem. Was aber war mit ihren Großeltern? Darauf sollte es ankommen. Noch etwa zehn Kinder, die vorher von ihrer jüdischen Abstammung nichts geahnt hatten, entpuppten sich als »minderwertige Mischlinge«. Danach ging alles sehr schnell. Alle nichtarischen Schüler mußten bis zum Schulschluß in das eigens als »Judenschule« eingerichtete Gymnasium in Wien II., Sperlgasse, gehen. Da blieben viele von ihnen, darunter Heinrich Grünwald, gleich weg. Sie machten diese unwürdige Ausgliederung nicht mehr mit und flohen noch rechtzeitig.
Egon aber ging weiter zur Schule. Zum Auswandern brauchte man Geld oder wenigstens Beziehungen. Beides hatte die Familie Schwarz nicht. Außerdem war ja die Mutter noch nicht aus Preßburg zurückgekehrt. Nachdem die Volksabstimmung abgesagt worden war, wollte sie noch eine Weile dort bei ihren Eltern bleiben.
Nun wurde Egons Schulweg von Tag zu Tag gefährlicher. Kam er am Donaukanal vorbei, sah er Angehörige der SS jüdische Männer die Böschung zum Wasser hinuntertreiben. Sie zündeten den alten Männern die Bärte an, ließen sie groteske Turnübungen ausführen und stießen auch einige von ihnen in den Kanal. Das war höchste Alarmstufe. Aus den mit den Schwarz' bekannten Familien wurden die Männer abgeholt. Von Dachau und anderen Konzentrationslagern war die Rede. Was wird aus mir, wenn sie auch meinen Vater abholen? Dann bin ich ganz allein, fürchtete Egon. Kein Mensch, zu dem ich gehen kann, keine Seele, die mich beschützt!
»Hol mich hier raus, Mutti!« schluchzte Egon am Telefon, als seine Mutter aus Preßburg anrief. Doch Egon sollte noch das Schuljahr beenden, der Vater wollte noch

seine kleine Firma auflösen, das war seine Absicht. Doch kam es schneller zu ihrem Auszug und unter ganz anderen Umständen, als sie es sich vorgestellt hatten. Zuerst einmal wurden sie aus ihrer Wohnung hinausgeworfen. Und zwar von ihrem Nachbarn, der als Oberst den Ersten Weltkrieg mitgemacht hatte und mit seiner neunzehnjährigen Enkeltochter zusammenwohnte. Bisher hatte er ihnen versichert, ein getreuer Monarchist zu sein und sämtliche Nazis zu verabscheuen. Nach dem 12. März aber gab auch er sich plötzlich als Nationalsozialist zu erkennen, und zwar ganz eindeutig.

Eines Morgens war an seine Wohnungstür eine Zeichnung geheftet, die das Zusammenleben des alten Herrn mit dem jungen Mädchen als etwas Obszönes und Anstößiges darstellte. Der Oberst verdächtigte Egon, diese Zeichnung gemacht zu haben. Doch Egon war es nicht gewesen. Dazu wäre er von seiner Erziehung her gar nicht imstande gewesen. Er fragte: »Warum soll ich es gewesen sein?« Darauf der Oberst: »Ganz klar. Weil ihr Juden seid, und ich bin ein Nazi, darum!«

Der Oberst ging zum Hauswart, der auch »Blockwart« der Nazipartei war und zu dessen Aufgaben es gehörte, Juden, die eines der zahlreichen antijüdischen Gesetze übertraten, sofort der »Geheimen Staatspolizei«, der Gestapo, zu melden. Dann folgten Verhöre, schließlich kam Gefängnis, Folter, Deportation.

Auch der Blockwart gab sich nicht lange mit der Suche nach der Wahrheit ab und befahl Vater und Sohn Schwarz, das Haus zu verlassen. »Ich werde Sie nicht anzeigen«, sagte er großzügig, »weil Sie mich auch nicht angezeigt haben, obwohl Sie wußten, daß ich schon über ein Jahr illegal bei den Nazis war, aber die Wohnung müssen Sie unverzüglich räumen.«

Das war ein Schock. Wo Egon geboren wurde, wo er aufgewachsen war, gespielt und seine Aufgaben gemacht hatte, das alles mußte er nun Hals über Kopf aufgeben. Der Blockwart erlaubte ihnen noch, rasch zwei Koffer mit dem Nötigsten zu packen. Vater und Sohn wußten nicht, wohin. Plötzlich waren sie verfemt, ausgestoßen. Kein Amt, zu dem sie gehen, keine Behörde, an die sie sich wenden konnten. Sie standen rechtlos auf der Straße. Dabei wäre es gar nicht so schwer gewesen, die wahre Schuldige zu finden.

Mit der Familie Schwarz lebte damals in der Wohnung, auf einem Klappbett in der Küche, ein junges Dienstmädchen. Sie besorgte jetzt den ganzen Haushalt, während Egons Mutter fort war.

Eines Nachts war Egon aufgewacht und sah dieses Mädchen draußen im Vorzimmer herumhuschen. Die Wohnungstür ging auf und zu. Doch Egon dachte sich nichts dabei. Er schlief weiter. Erst als er längst ausgezogen war, ging ihm auf, daß sie es gewesen sein könnte. Sie war ein lustiges, lebensfrohes Mädchen, das oft erotische Anzüglichkeiten von sich gab. Sie hatte ihre Zeichnung vielleicht nicht einmal so böse gemeint. Wahrscheinlich wollte sie bloß der gleichaltrigen Enkelin des Obersts, die sie nicht leiden konnte, eines auswischen. Daß sie mit ihrem kleinen Spaß die Familie Schwarz in Unglück stürzen würde, das hatte sie wohl nicht beabsichtigt.

Was nimmt man von seinen Habseligkeiten mit, wenn man nur fünf Minuten Zeit und einen Koffer pro Person hat? Wahrscheinlich wären Schuhe, Socken, Wäsche und warme Wintersachen vonnöten gewesen. Davon hatte Egon aber nicht viel eingepackt. Der Vater war keine Hilfe, weil er nicht besonders häuslich war. Wäre Mutter dagewesen, hätten sie praktischere Dinge mitgenommen, so packte Egon eben einige Bücher ein, von denen er sich nicht trennen konnte. Darunter die bei allen Buben dieser Zeit damals hoch im Kurs stehenden Tom-Shark-Heftchen sowie den Band »Ein Kampf um Rom« von Felix

Dahn. Die Fortsetzungsgeschichten des amerikanischen Meisterdetektivs Tom Shark spukten damals allen Buben im Kopf herum. Jeder wußte, welche Automarke der Detektiv fuhr, welche Zigaretten er rauchte, in welcher Straße er wohnte, und den populären Roman des Kampfes der Ostgoten gegen Rom und Byzanz hatte Egon erst zu lesen begonnen. Das war fast alles, was Egon einpackte, viel zu wenig und auch das vollkommen Falsche. Denn seine Flucht aus dem Haus in der Geologengasse in Wien und viel später aus Europa hatte da eben erst begonnen. Sie sollte auch noch den nächsten langen Winter dauern. Doch das konnte Egon an diesem Frühlingstag des Jahres 1938, als ihn sein Vater bei Bekannten unterbrachte, während er sich selbst in seinem kleinen Büro notdürftig einrichtete, noch nicht ahnen.
Der Mutter wurde telegrafiert, jetzt auf alle Fälle in Preßburg zu bleiben. Wenn die Schule aus war, wenn der Vater die Firma aufgelöst hatte, wollten sie beide auch nach Preßburg kommen. Was sie damals gleichfalls nicht wissen konnten: Preßburg war die absolut falsche Richtung, um Hitlers Zugriff zu entkommen.
»Auswandern« war ein ebenso faszinierendes wie erschreckendes Wort geworden. Wandern waren die beiden fast jeden Sonntag in der schönen Jahreszeit gewesen. In Lederhosen und Steirerrock gingen sie wie viele Wiener damals die vertrauten Wienerwaldwege. Getreulich entlang den Markierungen. Hatten Brote und Obst mit und waren abends nach einem Kracherl in einem Ausflugsgasthaus wieder heimgekehrt.
Außer in Preßburg bei den Großeltern war Egon noch nie aus Wien weg gewesen. Er hatte in Geographie zwar schon so manches von nahen und fernen Ländern gelernt, über Klima, Vegetation, Rohstoffe, Bodenschätze und sonst Wissenswertes mehr. Auch hatte er im Deutschunterricht Eichendorff-Gedichte auswendig gelernt, jene be-

schaulich-romantischen Wandergedichte, die ihm wegen der »Hörnerklänge« und dem »Waldesrauschen« besonders gefielen. Doch hatte den damals Sechzehnjährigen bis dahin noch nie die Sehnsucht nach einer größeren Reise gepackt. Nichts zog ihn in die Ferne. Er wäre gerne für immer in Wien geblieben, das auch für seine Eltern nach vielen Generationen von Wien-Sehnsüchtigen der langersehnte Endpunkt hätte sein sollen.
Im Juni 1938 befanden sich Egon und sein Vater in wirklicher Lebensgefahr. Die Schule, die sie nur dem Namen nach war und in der nichts mehr gelernt wurde, war zu Ende. Egon erhielt noch eine Art von Abschlußzeugnis. Der Vater hatte die Reste seiner Lagerbestände (zuletzt waren es Stoffe und Textilien gewesen) mehr schlecht als recht verkauft. Die Ausreisepapiere – Paß, Steuer- und Unbedenklichkeitserklärungen und eine Reihe weiterer Formulare – waren besorgt, so daß der Abreise nach Preßburg nichts mehr im Wege stand. Mit einem groben Schönheitsfehler jedoch: Sie waren zwar berechtigt, aus Österreich auszuwandern, in die Tschechoslowakei einwandern durften sie – streng genommen – nicht. Einem drüben ansässigen Onkel gelang es jedoch, sie über die Grenze zu schmuggeln. Er bestach die slowakischen Zollwachebeamten mit Geld, wenn sie seinen Schwager und seinen Neffen aus dem nationalsozialistischen Wien herüberließen. Denn in Preßburg hatte der Schrecken noch für kurze Zeit Aufschub. Dann holte die unbarmherzige Politik die Flüchtlinge auch dort ein. Sehr bald nach dem Anschluß Österreichs wurde auch der deutschsprachige Teil der Tschechoslowakei – das Sudetenland –, an Hitlerdeutschland angeschlossen. Das war im Herbst 1938. Mit der Folge, daß Hitler bald auch in der Hauptstadt der Slowakei nach Juden, Staatenlosen, Widerständlern, Zigeunern, Flüchtlingen – kurz nach dem »Abschaum der Menschheit« suchen ließ.

Die Familie Schwarz lebte zuerst in dem geräumigen Haus der Großeltern, und es ging ihnen nicht schlecht. Doch gehörten auch sie zu denen, die ohne Einreisebewilligung in Preßburg lebten. Nach denen wurde besonders gesucht. Das geschah in der Form, daß nachts überfallsartig alle Wohnungen entweder von der SS oder anderen Nazi-Helfern durchsucht wurden. Immer wieder Schritte auf den Gängen. Klopfen an den Türen. Patrouillen, Lärm und Geschrei. Eine Weile ging für die Schwarz' alles gut. Sie schliefen bei Tag und irrten nachts in den Gassen Preßburgs umher, um nicht in der Wohnung aufgefunden zu werden. Das allein war schon ein ständiges Entsetzen, eine ständige Panik. Bis sie dann eines Nachts doch geschnappt wurden. Es war schon lange nach Mitternacht, sie dachten, die Gefahr sei für diesmal wieder glücklich vorüber – da liefen sie einem verspäteten Suchtrupp in die Arme. Sie hatten die bewaffneten Männer in einem Torbogen übersehen.

Nun ging wieder alles sehr schnell. Sie durften sich von daheim die nötigsten Sachen abholen und sich von ihren Verwandten verabschieden. Dann mußten sie noch in derselben Nacht auf einen offenen Lastwagen steigen, der mit anderen Männern, Frauen und Kindern schon mehr als voll war. Ab ging es in die Dunkelheit und völlige Ungewißheit. Wie Egon, so dachten auch seine Eltern: Das ist das Ende, jetzt geht es ins KZ.

Zunächst fuhren sie gegen Südosten. Richtung Ungarn. Schon graute der Morgen, und sie kamen in das slowakische Dörfchen »Dunaeskastreda«, das in zwei Tagen schon das ungarische Dörfchen »Dunaszerdahely« sein sollte. Die Slowakei hatte sich nämlich im Osten zu einigen Gebietsabtretungen an Ungarn verpflichten müssen, die in diesen Tagen durchgeführt wurden. In dem Dorf hielt der Lastwagen mitten auf dem Hauptplatz. Die slowakischen Begleitgendarmen erwarteten offenbar, daß der Transport von den ungarischen Behörden in Obhut genommen wurde. So wurden die Menschen einfach abgeladen und sich selbst überlassen – oder besser gesagt der Bevölkerung, die sich mit Zelten, Decken und Nahrung als sehr hilfreich erwies. Es war immerhin schon Mitte November. Egon ging damals für einige Tage zu zwei freundlichen Frauen im Dorf Holz hacken.

Doch es blieb nicht bei dieser seltsamen Flüchtlingsidylle. Schon ein paar Tage später kamen nun ungarische Begleitmannschaften und befahlen dem von Tag zu Tag größer gewordenen Haufen – darunter alte, kranke Menschen, schwangere Frauen –, in Viererreihen zum Bahnhof zu marschieren.

Mit Rucksäcken, Bündeln, Koffern und Schachteln pferchten sich die rund dreihundert Menschen in den kleinen Extrazug, der sie einem höchst ungewissen Schicksal entgegenfuhr.

Nach zwei Stunden war die Fahrt zu Ende, und nun mußten sie ihren Weg zu Fuß fortsetzen. Rundherum ländliche, unbewohnte Gegend. Nun war es Egon, seinen Eltern und den übrigen klar, daß dies nur der Weg in die Vernichtung sein konnte. Gefängnis, Deportation, KZ, das waren ja die Schlüsselworte ihrer traurigen Existenz geworden.

Diese Wanderung hatte für Egon nun wirklich nichts mehr mit Eichendorff zu tun. Da war nichts Poetisches daran, keine Romantik, kein Landschaftszauber. Es war wieder Nacht geworden. Er fror in seinen viel zu dünnen Sachen. Schon seit Stunden hatte er nichts mehr gegessen. Die kleinen Kinder hatten vor Erschöpfung zu weinen aufgehört. Es gab die ersten Toten. Eine hochschwangere Frau und viele Kranke hätten ärztliche Betreuung gebraucht. Doch nichts dergleichen geschah. Zwei Tage währte diese Wanderschaft. In der Nacht wurden sie in zwei Kammern eines verlassenen Bauerngehöftes untergebracht.

Am zweiten Tag hatte der Marsch dann sein Ende: Ungarische Wachposten vor ihnen, slowakische Grenzgendarmen im Rücken. Sie waren im Niemandsland. In jenem brachen Grenzstreifen zwischen zwei Ländern, der niemandem gehörte. Auch sie gehörten nirgendwohin. Niemand kümmerte sich um sie, niemand sorgte für sie. Sie waren Ausgestoßene und Ausgebürgerte, zwischen zwei Staaten schutzlos Preisgegebene. Ohne Zelte, ohne Nahrung. Sie waren sich selbst überlassen.
Ein paar Tatkräftige gingen nach Erdäpfeln Ausschau halten, andere organisierten Liegeplätze in den wenigen Strohhaufen für die Älteren und Kranken. Es stellte sich jetzt heraus, daß auch ein Arzt unter ihnen war, der jedoch ohne Medikamente nicht viel helfen konnte. Immer noch kamen Transporte dazu. Es waren nun schon an die 500 Menschen in diesem kleinen Niemandslager. Egon erinnerte sich nicht, je in Geographie von so einem Land gehört zu haben. Kein Elendsquartier der Welt kann so erbärmlich und armselig sein wie hier unser Lager, dachte er. Seine Eltern waren still und verzweifelt, wie schon die ganze Wanderung hindurch. Sie hatten sich in ihr Schicksal ergeben.
Für den Siebzehnjährigen war alles etwas weniger unglücklich als für seine Eltern. Zwar sah auch er zum erstenmal in seinem Leben Menschen verhungern, er sah einen Säugling sterben. Auch verlor er in diesen Tagen den Glauben an die Menschheit, an das Gute, von dem er im humanistischen Unterricht so viel gelernt hatte. Er hörte in diesen Tagen auf, an einen Gott zu glauben, egal an welchen, egal von welcher Religion.
Doch inmitten des Elends verspürte der Heranwachsende zum erstenmal erotische Gefühle. Ein junges Mädchen gefiel ihm besonders gut. Egon suchte die Nähe dieses Mädchens, sosehr er das Zusammengedrängtsein mit den vielen anderen Menschen auch haßte. Wenn sie nachts

um das Lagerfeuer saßen, träumte er von einer Zukunft in Menschenwürde.
Einige Tage später trafen Lebensmittel, Decken und Hilfsgüter ein. Die jüdische Gemeinde in Preßburg hatte die Deportierten nicht vergessen. Sie schickte Würste, Fleisch, Dosenmilch und andere lang entbehrte Nahrungsmittel. Und dann geschah für Egon und seine Eltern so etwas wie ein Wunder. Einer der Lastwagenchauffeure war Egons Onkel aus Preßburg, der Bruder der Mutter. Der mutige, schlaue, stolze Uhrmacheronkel aus dem Preßburger Getto, der sie seinerzeit über die Grenze von Österreich in die Tschechoslowakei geschmuggelt hatte.
Wie mutig war doch dieser Mann. Er gab es nicht auf, für die Seinen zu kämpfen. Ganz anders als die Eltern Egons, die sich durch ihr unauffälliges Leben in einer mehrheitlich judenfeindlichen Stadt angepaßt hatten, war er im Judenviertel von Preßburg stolz und selbstbewußt geblieben.
Mit einem kurzen Wink befahl er Egon und dessen Eltern, hinten auf den Lastwagen zu klettern. Schnell waren sie drinnen, wurden unter Kisten und Säcken versteckt, an den schläfrigen Wachtposten vorbeigeschmuggelt und zurück nach Preßburg gebracht.
Doch dort konnten sie nicht länger bleiben. Sie mußten fort. Wohin? Fürs erste blieb nur Prag, die Hauptstadt der Tschechoslowakei, die noch die letzte antifaschistische Insel war.
Also Transport im versiegelten Viehwaggon quer durch Feindesland nach Prag. Dort Unterbringung durch das jüdische Flüchtlingskomitee im bekannten Flüchtlingshotel »Flora«. Keine Zeit für Stadtbummel und Besichtigung.
Die österreichischen Pässe waren abgelaufen. Für ein Visum in ein Land außerhalb Europas brauchte man aber gültige Pässe. Die waren damals nur im mittlerweile deutschen Konsulat in Prag zu bekommen, also von den Verfolgern. Dem Hilfskomitee gelang es trotzdem.

Egon sah zum erstenmal das große rote »J« in seinem neuen Paß und in dem der Eltern. Damit sollte aller Welt signalisiert werden, daß sie Flüchtlinge, Hinausgeworfene, minderwertiges Gut waren. Doch es waren gültige Reisepässe. Jetzt fehlten nur noch Visa. Einreiseerlaubnisse in irgendein Land, das die Flüchtlinge aufnehmen würde. Das Hilfskomitee schickte die Pässe nach Paris. Dort gab es Botschaften und Konsulate aller Länder, dort waren Einreiseerlaubnisse am leichtesten zu bekommen.
Daß es nicht Amerika sein würde, das war den Schwarz' schon klar. Für dort hätten sie zusätzlich noch ein »Affidavit« gebraucht, also die Bestätigung eines Amerikaners, daß er für die Kosten der Flüchtlinge in Amerika aufkommen würde. Dazu hätten sie aber Geld oder Beziehungen gebraucht. Die Schwarz' hatten keines von beiden. Also konnten sie sich nicht aussuchen, wo sie künftig leben würden, hatten keinen Einfluß auf ihr weiteres Schicksal. Sie mußten warten, welches Land der Welt seine Grenzen gnädig für sie öffnen würde.
Für die Wartezeit waren sie von dem überfüllten »Flora« in ein anderes, billigeres Flüchtlingsquartier übersiedelt worden. Es waren die Unterkünfte der Kellner eines Wein- und Vergnügungslokales. Hier hofften sie etwas weniger von dem Terror um sie herum zu spüren, der schon lange zum Bestandteil ihres Lebens geworden war. Und dennoch gab es eine Steigerung: Als nämlich eines Nachts in diesem billigen Vergnügungslokal ein Feuer ausbrach. Als sie wieder einmal aus dem Schlaf gerissen wurden – zum wievielten Mal seit ihrer Flucht? – und nun im Nachtgewand auf der Straße standen.
Egon sah Flammen und Rauch und dachte: Jetzt brennt Europa. Obwohl alles um ihn herum jammerte und schrie, war er ruhig und gelassen. Sein Heimatkontinent brannte. Wie Rom einst unter dem wahnsinnigen Nero gebrannt hatte, so brannte nun Europa unter dem wahnsinnigen

Hitler. Wird es ihm gelingen, die ganze Welt zu erobern, oder wird sie untergehen? Egon war traurig, heimatlos, und glaubte an nichts mehr.

Und dennoch gab es auch für ihn wieder Hoffnung: Die Pässe waren aus Paris zurückgekommen. Der Vater schwang sie aufgeregt in der Hand. Drei Visa – Visa nach Bolivien!

Bolivien, wo liegt das nur schnell?

Mit Hilfe des Flüchtlingskomitees konnten sie Europa bald verlassen. Sie würden über Paris, den Hafen La Rochelle, über den Atlantik nach Südamerika reisen. Es gab eine neue Zukunft.

Im Februar 1939 verließen Egon und seine Eltern, Oskar und Erna Schwarz, den Flüchtlingskessel Europa über einen der letzten Fluchtwege, die noch offen waren, über den Luftweg. Ein Flugzeug hob den Wiener Gymnasiasten Egon, dessen einziges Ziel es gewesen war, auf der Wiener Universität einmal Germanistik zu studieren, über Prag hinaus und verpflanzte ihn auf einen anderen Kontinent. Er sah hinunter auf eine Welt, die ihn nicht haben wollte, und wußte nicht, ob er sie je wiedersehen würde.

Egon Schwarz, geboren 1922 in Wien, ist in Bolivien angekommen, ist Hausierer und später Bergarbeiter in den Anden geworden. Er hat seinen Traum vom Studium nicht aufgegeben und es geschafft, 1947 in die Vereinigten Staaten zu gehen, um dort zu studieren. Er wurde Universitätsprofessor für Germanistik und Geschichte, mit Schwerpunkt Europa und Österreich, an der Washington-University von St. Louis, Missouri. In seiner Biografie »Keine Zeit für Eichendorff« hat er die Chronik seiner unfreiwilligen Wanderjahre, die hier geschildert und in Gesprächen mit ihm ergänzt wurden, ausführlich niedergelegt. Er ist seither auch mehrmals nach Wien zurückgekommen und hat in seinem ehemaligen Gymnasium in der Stubenbastei 1986, also mit fünfundvierzigjähriger Verspätung, aus der Hand des österreichischen Unterrichtsministers eine Art »Ehrenmatura« nachgereicht erhalten. Mit ihm fünf seiner ehemaligen Schulkameraden und Schicksalsgenossen: Arthur Cooper (früher Kupfermann, der heute eine der größten Werbeagenturen Europas in der Schweiz führt), Herbert Lamm (Patentanwalt in Paris), Paul Lynton (früher Liechtenstern, Musikverlag und Schallplattenproduktion in England), Henry Grunwald (früher Grünwald, Chefredakteur und Herausgeber des »Time« Zeitschriftenverlages in New York, jetziger US-Botschafter in Wien) und Georges Temmer (Nuklearphysiker, Direktor des kernphysikalischen Labors der University of New Jersey). Eine kleine, klägliche Wiedergutmachung. Seine Eltern haben bis zu ihrem Tod in Bolivien gelebt. »Die Mutter ist«, sagt Egon, »nie wieder glücklich geworden.«

FRED BARSCHAK, 8 Jahre
Vater: Restaurantbesitzer
Mit einem Kindertransport im Dezember 1938 nach England geschickt

Laß uns über die Brücke gehen, Daddy

Fred Barschak ist heute ein wohlhabender Herr, der es in der englischen Hotel- und Immobilienbranche zu Ansehen gebracht hat. Er ist fast 60 Jahre alt, groß, dunkelhaarig, eine vitale Erscheinung. Sein Englisch ist vorzüglich, er spricht es laut und lebhaft. Hört man ihm aber länger zu, klingt ein Akzent durch. Ein Akzent, der nicht österreichisch ist, aber mit Österreich viel zu tun hat.
1985 war Barschak mit seiner Frau und seinen beiden Kindern in Wien. Aaron, der Bub, war 20, Tamara, das Mädchen, 18 Jahre alt. Der Vater wollte ihnen die berühmte Stadt der Musik, der Theater, der Kaffeehäuser zeigen. Er hatte sich genau auf den Besuch vorbereitet: Sie besichtigten den Stephansdom, gingen über den Graben, bummelten durch die Hofburg. Spazierten den Ring mit seinen monumentalen Bauten entlang, saßen in den gepflegten Parks. Der Vater zeigte ihnen das Schönste dieser Stadt.
Bis den Kindern auffiel, daß er sie immer nur vom I. Bezirk aus in den Süden der Stadt führte, ins Belvedere etwa oder nach Schönbrunn. Sie bekamen das imperiale Wien zu sehen, die verklungene Welt der Habsburger. Nur die Zeugen der einstigen Kaiserzeit zeigte er ihnen. Und so schön sie dies alles auch fanden, so merkten sie doch, daß ihr Vater immer einer bestimmten Richtung auswich: dem

Norden des I. Bezirks. Deutlich spürten sie, wie sehr sich der Vater darauf konzentrierte, die Brücke in die Leopoldstadt zu vermeiden, von der er ihnen zu Hause in England schon viel erzählt hatte. Bis sie am dritten Tag zu ihm sagten: »Dad, it's time, let's cross the bridge.« Und auch seine englische Frau fand, daß es an der Zeit sei, über die Brücke zu gehen. Sie hängte sich bei ihm ein und sagte: »Come on.«

Für Fred Barschak wurde der kurze Weg durch die Rotenturmstraße hinunter zur Marienbrücke und hinüber in den II. Bezirk, der für jeden anderen nur fünf Minuten dauert, ein schwerer Weg über 50 Jahre zurück. Für ihn war es ein Gang aus dem heutigen Wien, wie es die Fremdenverkehrsprospekte zeigen, in das Wien der jüdischen Welt von gestern.

Unbewußt bediente er sich, um diese lange Zeit zu überbrücken, einer anderen Sprache. Plötzlich sprach er nicht mehr Englisch. Auch nicht Deutsch, das er immerhin gebrochen beherrscht. Er verfiel in die Sprache seiner Kindheit – Jiddisch.

Wortgetreu aufgeschrieben müßte der Satz, den er zum Beschreiben seiner Gefühle auf diesem Weg gebrauchte, so aussehen: »Und wirklich, für eine Jude aus Wien zu gehn über de Brücke in de zweite Bezirk, is zu gehn von heite zu gestern.« Aber wie kläglich dieser Satz niedergeschrieben wirkt. Es fehlen der deutschen Sprache die Akzente, um die besondere Betonung der Konsonanten und Vokale, der Silben und Wortenden hervorzuheben. Denn das Ü in *Brücke* ist mit einem E auszusprechen, etwa wie im Wort *brechen.* Oder das E in *gehn* muß wie das offene erste E von *Elefant,* nicht etwa wie das höhere, gepreßte E in *Emil* klingen. In der Lautsprache würde es gëyn geschrieben werden. Es muß weich klingen, durchhängend wie im Mittelhochdeutschen, nicht steif und spitz wie im Hochdeutschen.

Und dazu der Rhythmus dieses Satzes! Diese besondere, oft nachgeahmte, bestenfalls vom Kabarettisten Farkas getroffene Sprachmelodie. Wie diese auf dem Papier zum Ausdruck bringen? Am ehesten vielleicht in der Form eines die Atmung und Sprechpausen berücksichtigenden Gedichts:

und wirklich
für eine jude aus wien
zu gehn über de brücke in de zweite bezirk
is zu gehn
von heite zu gestern

Bewußt hat Fred Barschak auf Stefan Zweigs Roman »Die Welt von gestern« angespielt, der den Nachgeborenen deutlich bewußt macht, was Wien mit seinen Juden verloren hat.

Heute überquert man die Marienbrücke, geht vorbei an dem glatten, hohen Bürobau der Internationalen Büromaschinen Gesellschaft und biegt bald darauf in die Taborstraße ein. Heute ist diese Straße eine banal modernisierte Geschäftsstraße, wie sie jede andere Wiener Vorstadt ebenfalls hat. Vor 1938 mischten sich hier Handel, Gewerbe, Beten und Singen in einer einzigen Buntheit, gewürzt mit den Gerüchen von Märkten und Lokalen, Kerzen und dem ungesäuerten Mazzesbrot, nach dem die ganze Leopoldstadt den Namen »Mazzesinsel« bekam.

Was Fred Barschak seinen Kindern liebend gerne gezeigt hätte, die Menschen, Geschäfte, Synagogen und Tempel seiner Kindheit vor 1938, ist alles weggewischt. Die Geburtshäuser, Kinderzimmer, Spielplätze, Schulen und Bethäuser einer langen Reihe von Schustern, Schneidern, Händlern, Schauspielern, Wissenschaftlern, Rabbinern, Ärzten, Musikern, Literaten, Nobelpreisträgern gibt es nicht mehr. Die meisten der Bewohner, soweit sie 1938 noch lebten, sind heute mit Foto und Namen im »Dokumentationsarchiv des österreichischen Widerstands« zu finden. Als Vertriebene oder Vernichtete. Eichmann und seine SS-Genossen haben den ehrgeizigen Plan, Wien »judenfrei« zu machen, innerhalb kürzester Zeit verwirklicht. Fred Barschak, der Sohn des Besitzers des weithin berühmten koscheren »Restaurants Barschak« in der Großen Schiffgasse Nr. 3 ist der Vernichtung entkommen.

Wie die Welt des kleinen Fred, der damals Fritz hieß, aussah, ist den Romanen und Selbstbiografien der Dichter Arthur Schnitzler, Josef Roth, Stefan Zweig, Elias Canetti, Manès Sperber und Friedrich Torberg zu entnehmen. Wenn sie nicht selber dort wohnten, so besuchten sie doch drüben auf der Leopoldstadtinsel ihre Verwandten. Anders als der Tourist Fred Barschak im Jahr 1985, der sich nur im I. Bezirk aufhalten wollte, hat einer der zehntausend Ostjuden, die in der Zeit der Donaumonarchie zu Verwandtenbesuchen in der Residenzstadt waren, Wien aus der umgekehrten Perspektive gesehen, wie eine zum jüdischen Witz gewandelte Anekdote der Zeit überliefert: Als einer von einer Reise nach Wien in sein galizisches Stetl zurückkommt, wird er gefragt, was er alles gesehen hat. »Ich hab den Nordbahnhof gesehen und den Praterstern und die Schiffgasse und das Carltheater«, erzählt er voller Stolz. »Und die Hofburg hast du nicht gesehen und das Burgtheater?« – »Nein, in die äußeren Bezirke bin ich nicht gekommen.«

Fritz' Vater war 1884 aus Tarnopol in Galizien nach Wien gekommen, hatte sich durch alle Sparten des Gastgewerbes vom Hilfs- bis zum Oberkellner durchgearbeitet, hatte zuerst in der Oberen Donaustraße gearbeitet, 1912 aber sein eigenes Restaurant mit angeschlossenem Hotel in der Großen Schiffgasse 3 eröffnet, das sehr bald, schon während des Ersten Weltkrieges, einen ungeheuren Aufschwung erlebte. Aus dem Osten der Monarchie strömten die habsburgtreuen, patriotischen Juden auf ihrer Flucht vor der russischen Armee nach Wien. Die

Mehrheit von ihnen war fromm, was aber nicht immer an ihrem Äußeren erkennbar war. Ein Großteil hatte im Laufe der Generationenfolge Seitenlocken und Kaftan längst abgelegt und kleidete sich wie alle anderen. Auch Aaron Barschak gehörte zu ihnen, fühlte sich mit keckem Spitzbart und Melone längst als Wiener Restaurantbesitzer, der sich nur noch immer an seine Glaubensvorschriften hielt.

Zum Beispiel auch an die »koscheren«, das heißt reinen Eßvorschriften. Das bedeutet, daß Juden kein Schweinefleisch essen, weil dieses Tier als »unrein« gilt. »Reine« Tiere unter den Säugetieren sind solche, die wiederkäuen und deren Hufe voll gespalten sind. Daß sie Fleisch nur von ausgebluteten Tierleibern verzehren dürfen, die nach strengen, noch von den Gesetzen der Wüste herrührenden Bestimmungen getötet werden. Ferner müssen in der koscheren Küche Fleisch- und Milchprodukte streng voneinander getrennt sein, wozu es nötig ist, verschiedene Schüsseln, Teller und Bestecke zu verwenden. Auch für das Geschirr gibt es eine Reihe von Regeln. So etwa, daß neu gekauftes Koch- und Eßgeschirr vor Gebrauch in »natürlich fließendem Wasser« geweiht und gewaschen werden muß, ein Ritual, zu dem man in alten Zeiten jüdische Männer und Frauen noch am Donauufer Geschirr waschen sehen konnte. Oder: Zum heiligen Osterfest »Passah« muß jeweils ein anderes Tafelgerät verwendet werden als an den gewöhnlichen Tagen. Kurz, in der jüdischen Küche ist eine Vielzahl von uralten Ritualen zu beachten, die sowohl den Zubereiter als auch den Verzehrer an die Wurzeln seiner Herkunft erinnern sollen. Im Restaurant Barschak wurde keine der Vorschriften vernachlässigt. Es gab viele andere berühmte jüdische Restaurants auf der »Mazzesinsel«. Das elegante »Tonello« etwa, in dem sogar Kardinal Innitzer gespeist haben soll. Das vielleicht noch berühmtere »Neugröschl«, das

»Schreiber« oder das »Spitzer«. Außer den zahlreichen Synagogen und Tempeln der Leopoldstadt waren die Restaurants fixe Treffpunkte der geselligen jüdischen Wiener Bevölkerung. Das »Barschak« aber hatte den Ruf, unter allen das hundertprozentig Koscherste zu sein.
Die Geschichte des Aaron Barschak, Fritz' Vater, ähnelt eher einer biblischen Plage als einem heiteren jüdischen Märchen.
Fritz ist Barschaks Sohn aus zweiter Ehe. Trotzdem hängt sein Schicksal eng mit dem der jüngeren Tochter aus Barschaks erster Ehe zusammen, die er nie gekannt hat.
Auf dem Höhepunkt seines Erfolges – in der Leopoldstadt lebten in den zwanziger Jahren an die 60 000 Juden – hielt der Hotelier und Restaurateur Barschak auch in Bad Gleichenberg eine kleine Dependance seines Betriebes offen, für Stammgäste, die auch in der Sommerfrische ihre koschere Kost nicht missen wollten. Was allerdings durchaus keineswegs mit Diätkost zu verwechseln ist. So eine geröstete Gans mit Rotkraut, so ein gefüllter Karpfen oder eine getrüffelte Gänseleber. Kalorienarm war die koschere Küche ganz gewiß nicht.
So üppig die Geschäfte des Herrn Barschak also florierten, so tragisch verlief sein Familienleben. Es begann mit dem Tod seiner älteren Tochter Gretl. Während die Eltern mit der jüngeren Tochter in den letzten Schulwochen schon in Gleichenberg weilten, besuchte die Große unter der Woche noch die Schule in Wien und fuhr jeden Freitag zu ihrer Familie aufs Land. Dabei mußte sie vom Zug in einen Bus umsteigen. Einmal rutschte das Mädchen, als sie zum Bus eilte, so unglücklich aus, daß sie auf den Hinterkopf fiel und sich tödlich verletzte. Sie wurde ins Spital gebracht, und bei der Untersuchung kam zutage, daß sie einen Gehirntumor hatte. Das Mädchen starb innerhalb von neun Monaten. Sie wurde am Wiener Zentralfriedhof begraben.

Der Schock über den Tod der Tochter tötete 18 Monate später auch die Mutter. Gehirnkrebs. Fred Barschak glaubte fest daran, daß diese Krankheit durch den Verlust der Tochter ausgelöst wurde. 1925 war Aaron Barschak jedenfalls Witwer. Er hatte nur noch seine jüngere Tochter Lizzi.
Und nun würde man meinen, der Herr im Himmel hätte seinen guten Sohn Aaron genügend geprüft. Doch nein. Der Tod von Mutter und Schwester begann nun auch Lizzis Geist zu zerstören. Sie mußte in eine Klinik eingeliefert werden.
Diese Tragödie einer durch den Tod zerstörten Familie ist grausam, aber in einer Zeit, als die moderne Medizin noch in ihren Anfängen war, mag sich ähnliches in vielen Wiener Familien abgespielt haben. Auch Fred Barschak würde den Ereignissen, die vor seiner Geburt geschahen, nicht so viel Bedeutung beimessen, wenn nicht diese unglückliche Halbschwester Lizzi ohne ihr Zutun zu seiner Lebensretterin geworden wäre.
Nach vier Jahren Witwerschaft heiratet Restaurantbesitzer Barschak 1929 ein zweites Mal. 1931 kommt Fritz auf die Welt. Er verbringt seine Kindheit in der geheimnisvollen bunten Welt rund um die Schiffgasse. Sein Vater ist nicht nur Mitglied der jüdischen Kultusgemeinde, sondern auch Vorsitzender im Großen Polnischen Tempel in der Leopoldgasse 29, der Synagoge mit dem damals berühmtesten Kantor. Darüber hinaus ist er überzeugter Zionist, kurz ein angesehener und engagierter Mann seiner Gemeinde. Das Leben eines Hoteliersohnes, wenn auch nur von einem Hotel mit 30 Zimmern, war immer abwechslungsreich und lustig. Viele Leute waren da, und Fritz spazierte gerne zwischen den Tischen des Gastraumes mit den helleuchtenden Kristallustern herum.
Auch am Sabbat hatte das koschere Restaurant geöffnet, an diesem heiligen Ruhetag der Juden, obwohl sie an die-

sem Tag eigentlich kein Feuer im Ofen machen, keine Maschine in Betrieb nehmen, auch kein Geld angreifen dürfen. Ein Restaurant aber wird wie ein Haushalt geführt, in dem verschiedene Verrichtungen doch unvermeidlich sind. Mit einer strikten Ausnahme: gezahlt werden darf am Sabbat nicht. Statt dessen warfen die Stammgäste an diesem Tag nur so etwas wie Marken, die wie Spielgeld aussahen, in eigens mit ihren Namen versehene Fächer, zum Zeichen, daß sie dagewesen waren. Gezahlt werden konnte dann an einem der nächsten Tage.

Das größte Ereignis für Fritz aber war, wenn ihn sein Vater an der Hand nahm und mit ihm »über de Brücke« ging, vom II. in den I. Bezirk. Auf jiddisch klingt das so ähnlich wie »von de zweite in de erschte Bezirk«.

Es war nur eine Brücke zu überqueren. Von der Schiffgasse ging es zur Oberen Donaustraße entlang des Donaukanals, etwa an den heutigen IBM- und Raiffeisenbürotürmen vorbei, wo früher nur drei- oder vierstöckige Häuser standen. Zur Marienbrücke und von dort über die Rotenturmstraße ins Zentrum der Inneren Stadt.

Oft geschah es damals, daß die zweite Generation von jüdischen Ankömmlingen über eine dieser Brücken des Donaukanals für immer die enggewordene Insel verließen und sich als Ärzte, Anwälte, Schriftsteller, Künstler, Bankiers und Wirtschaftstreibende in einem »vornehmeren« Bezirk von Wien niederließen.

Auch Fritz kam an der Hand seines Vaters jedes Mal mit größtem Respekt in diese »äußeren« Bezirke. Das erstemal war Fritz noch sehr klein. Er erinnert sich aber deutlich an zwei Dinge. Erstens an den riesigen, in den Himmel ragenden Stephansdom. Und zweitens an eine lange Menschenschlange davor. Aufgewachsen in einer religiösen Welt, hatte er das Gefühl für eine religiöse Atmosphäre. So spürte er, obwohl erst etwas über drei Jahre alt, daß hier etwas sehr Andächtiges vor sich gehen mußte. Er fragte den Vater. An dessen Antwort erinnert er sich noch ganz genau: »In dieser Woche ist der wichtigste Mensch von Österreich gestorben. Und diese Leute erweisen ihm jetzt ihren Respekt.« Es war Juli 1934. Man zelebrierte den Trauergottesdienst für den ermordeten Bundeskanzler Engelbert Dollfuß.

Doch ansonsten blieb der Alltag des kleinen Fritz Barschak von der Politik unberührt. Er kannte die Gewohnheiten und Bräuche des Hauses, ging zur Synagoge, im II. Bezirk, aber auch zum Geigenunterricht in den I. Bezirk und hatte Freude an seiner kleinen, buntbevölkerten Welt. Um so mehr, als 1935 ein kleiner Bruder dazukam.

Nur eines konnte sich Fritz nicht erklären: Wohin der Vater an jedem Sonntag allein ging. Immer verschwand er und kam nach einigen Stunden wieder zurück. Das Geheimnis lüftete sich für ihn erst im Jahr 1975, also 37 Jahre danach, als er durch Zufall in einem Hotel in Zürich den einzigen Verwandten seines Vaters, der auch Kassier in ihrem Hotel gewesen war, wiederfand. Der erzählte ihm die Familiengeschichte. Bis dahin hatte Fritz nichts von seiner Halbschwester Lizzi, die geisteskrank war und in einer Wiener Privatklinik lebte, gewußt. Der Vater besuchte seine Tochter regelmäßig jeden Sonntag. Und obwohl Fritz diese Schwester nicht kannte, wurde sein Leben mit dem ihren durch ein grausames Geschick für immer verknüpft. Denn wie für alle rassisch und politisch verfolgten Österreicher begann auch für die Barschaks das große Unglück am Abend des 11. März 1938 mit der Abdankung des Bundeskanzlers Kurt Schuschnigg.

Das Restaurant Barschak war an diesem Freitagabend mehr als gesteckt voll, nicht nur weil eben der Sabbat begann, sondern weil nicht jeder zu Hause einen Radioapparat hatte, um Schuschniggs Rede zu hören. Auch Fritz war da und tummelte sich fröhlich in der Menge. Als die

Rede zu Ende war, blieb es still im Restaurant, in dem es vorher noch sehr laut und fröhlich zugegangen war. Niemand wußte, wie es jetzt – ohne rechtmäßige Regierung – weitergehen sollte. Allmählich erst begannen die Menschen zu reden, Fragen zu stellen. Wer wird der neue Bundeskanzler? Wem gehört nun Österreich? Schließlich war der Saal von einem aufgeregten Stimmengewirr erfüllt.

Doch schon bald sollten sie die Antwort erhalten. Das erste Jubelgebrüll der Nationalsozialisten war bis ins Restaurant herein zu hören. Jeder hier wußte, daß diese wilden Schreie der aus der Illegalität hervorgebrochenen Nazis in erster Linie ihnen galten. Selbst Fritzl hatte damals urplötzlich das Gefühl: Das da draußen sind meine Feinde! Sie haben die Macht, über mein Leben oder meinen Tod zu entscheiden.

Im September 1938 wurde das koschere Hotel Barschak arisiert. »Deutsches Eigentum« wurde ins Grundbuch über das gestempelt, was Aaron Barschak in sechsundzwanzigjähriger Arbeit aufgebaut hatte.

Aaron Barschak durfte zunächst noch als Manager seines eigenen Hotels in Funktion bleiben. Dieses Hotel wurde in ein jüdisches Altersheim umgewandelt. Gäste hatte es nun ohnehin kaum noch zu beherbergen gegeben, denn die Tage der systematischen Verfolgung begannen.

Es kam die »Kristallnacht«, die Nacht auf den 10. November 1938. Fritz sah die »Große Schiffschul'«, die große Synagoge in der Schiffgasse, gegenüber dem Restaurant brennen. Er sah, wie sie Feuer legten, junge Burschen in braunen Uniformen, begeisterte Helfershelfer der SS. Er sah das Dach einstürzen, hörte die Synagoge, die ein nicht wegzudenkender Bestandteil seiner Welt war, in sich zusammenkrachen.

Was unmittelbar danach geschah, erfuhr er erst wieder aus dem Bericht des damals schon fünfundsiebzigjährigen

Cousins seines Vaters, der den Terror überlebte. Aaron Barschak wurde drei oder vier Tage nach der Kristallnacht ins Hotel »Metropol«, das Hauptquartier der Gestapo, bestellt. Das war nicht weit, auch diesmal war nur eine kleine Brücke zu überqueren, aber nun die der Schiffgasse näher gelegene Salztorbrücke. Gleich dahinter, schon im I. Bezirk, lag der Morzinplatz mit der gefürchteten Gestapo-Zentrale, Folter- und Todeskammer zahlloser unschuldiger Opfer.

Der Vater mußte ein Stück Papier unterschreiben, einen Empfangsschein. Dann übergab man ihm eine Schuhschachtel mit den Worten: »Ihre Tochter ist in der letzten Nacht gestorben, da drinnen ist ihre Asche.«

»Ausgemerzt« war sie worden, was damals mit vielen Geisteskranken, Behinderten und Alten geschah. Die Nazis hatten Barschaks Tochter Lizzi ermordet. Daß diese »Ausmerzung« Mord war, was es auch nach heutigen Rechtsbegriffen ist, stand damals für alle, die eine solche Schuhschachtel – aus Dachau oder einem Krematorium – in Empfang zu nehmen hatten, eindeutig fest.

In Panik raste der Vater wieder über die Salztorbrücke zurück. Sein einziger Gedanke: Mein Sohn muß da heraus. Ich kann nicht auch noch die Asche meines Sohnes in Händen halten. Fritz muß aus dieser Hölle heraus!

Schon im Dezember 1938 – also einen Monat danach – kam der achtjährige Fritz mit einem der ersten Kindertransporte, die von England aus organisiert wurden, von Wien weg. Tausende jüdische Kinder sind auf diesem Weg gerettet worden. Die Familie Barschak diskutierte, ob der kleine Bruder auch auf die lange Reise nach England mitgenommen werden sollte. Die Mutter entschied, daß er mit seinen nicht ganz drei Jahren dafür noch zu klein und zu hilflos wäre, er würde die Trennung von der Familie und die Strapazen des Transports nicht überleben. So wurde Fritz allein zur Sammelstelle für Kinder, die nach England verschickt wurden, in die Synagoge in der Seitenstettengasse im I. Bezirk gebracht. Diese war nach den Verwüstungen der Reichskristallnacht zwar nur mehr eine Ruine, die große Halle war aber noch zu verwenden. Wieder ein Weg über den Donaukanal, diesmal aber der letzte für das ins Ungewisse geschickte Wiener Kind. Fritz war an diesem kalten Wintertag des Jahres 1938 sieben Jahre und neun Monate alt.

Am Westbahnhof sagten die Eltern noch zu ihm, sie würden ihm bald nachfolgen, sie wollten sich Visa nach Amerika besorgen und dann alle wieder zusammenkommen. Dann wurde Fritz noch einmal, schon im Zug, von einem SS-Mann durchsucht, ob er nicht vielleicht verbotene Wertgegenstände mit sich führte. Diese schreckliche Angst, doch noch aus dem Zug geworfen oder gar abgeführt zu werden, war die letzte Erinnerung an seine Heimatstadt Wien.

In England, in Yorkshire, wurde er von einer jüdischen Familie wie ein eigener Sohn aufgenommen. Seine Eltern schrieben ihm häufig. Einmal, daß sie nun Visa für Amerika und Geld für die Reichsfluchtsteuer aufgebracht hätten. Aber da war auch schon der Krieg ausgebrochen, und das Fortkommen aus Wien wurde schwieriger.

Der Verwandte in dem Züricher Hotel erzählte ihm, daß sein Vater wohl auch deshalb seine Abreise so lange hinauszögerte, weil er als verantwortungsvoller Vorsitzender seiner Gemeinde nicht unter den ersten sein wollte, der die versinkende Leopoldstadt-Insel verließ. Bis 1942 stand Fritz, der jetzt schon Fred hieß, in Briefwechsel mit seinen Eltern in Wien. Nie vergaß die Mutter ihn zu ermahnen, doch auf seine deutsche Rechtschreibung zu achten. Seine Briefe seien voller Fehler, er würde sonst nie seine Muttersprache richtig beherrschen. Fred hat sie nie richtig gelernt. Und Deutsch hatte damals auch schon aufgehört, seine »Muttersprache« zu sein.

Am 9. April 1942 wurden sein Vater, seine Mutter und sein kleiner Bruder in das Vernichtungslager Sobibor in Polen verschleppt. Am 9. Mai 1942 wurden sie vergast. Nach dem Krieg hielt Fritz die vom Roten Kreuz veröffentlichten Lagerlisten in Händen. Sie waren mit peinlicher Genauigkeit geführt. Der Lagerleiter von Sobibor hieß Wagner und war ein Wiener.

Fred Barschak hat ein Stipendium für Oxford erlangt und hat dort Jus studiert. In gewisser Weise ist er seinem Vater gefolgt, er ist in der Hotelbranche als Miteigentümer der »Bays-water«-Hotelkette geblieben. Seinen ersten Verwandten mütterlicherseits hat er erst im Jahre 1962 gefunden, väterlicherseits sogar erst 1975, wie schon erwähnt, war dies in Zürich. Sie haben ihm alles über seine Eltern erzählt, was er selbst nicht wußte.

Im Unterschied zur »Großen Schiffschul'«, die heute noch eine Baulücke ist, überdauerte das »Hotel Barschak« den Krieg. Fred hat in den späten vierziger Jahren um das Eigentum seines Vaters prozessiert. Die neuen Besitzer haben seine Ansprüche mit Gegenforderungen für Investitionen für Zentralheizung und sanitäre Modernisierungen in der Höhe von 3 000 englischen Pfund beantwortet. Umgerechnet waren das damals etwa 210 000 Schilling, die der junge Erbe aber nicht hatte. Er hat daraufhin den Inhabern das Hotel »verkauft«, das heißt, zu einem Spottpreis überlassen. Das Hotel lag bis 1955 in der russischen Besatzungszone und war somit ökonomisch »nichts wert«. Heute ist es ein Obdachlosenasyl der Heilsarmee. Der Kommentar Barschaks und seiner Familie, nachdem sie es bei ihrem Wien-Besuch besichtigt hatte: »Wenigstens erfüllt es einen guten Zweck.«

SUSI GAL, 7 Jahre
Vater: Gewürzfabrikant
1939 nach Shanghai geflüchtet

Lieber Leo

Es war eine Mutter, die hatte acht Kinder. Die Kamilla, die Elsa, die Irma, die Elisabeth, den Willi, die Rita, den Leopold und die Hilda. 1938 fuhr ein Orkan in diese Wiener Familie, fegte sie auseinander, zerstreute sie in alle Windrichtungen, quer über den Erdball.

Als erste verschlug es Hilda, die Jüngste, nach London, wo sie als Dienstmädchen arbeitete.

Dann entkam Leopold, Leo, nach Argentinien.

Als dritter konnte sich Wilhelm, Willi oder Willy, mit seiner Frau Berta und seinen zwei kleinen Kindern nach Uruguay retten.

Rita und Simon Gutt sowie Elisabeth und Heinrich Gal und deren Tochter Susi vertrieb es nach Shanghai.

Irma und Karl Löbl und ihr Sohn Heinz flohen über Ungarn, Jugoslawien und Belgien nach Brasilien.

Nur Kamilla, die Älteste, und Elsa, die Zweitälteste, blieben in Wien bei ihrer kranken und pflegebedürftigen Mutter.

Susi, die Tochter von Elisabeth, erlebte den Auszug und den Untergang der Familie als Siebenjährige mit. Als Dokumente dieser Treibjagd hält sie heute Briefe in Händen, die die acht Geschwister – Susis Tanten und Onkel – einander zuschickten. Es sind Zeugnisse der Liebe, der Verzweiflung, der Hoffnung, der Ohnmacht.

Neben der Sorge um den Aufbau einer Existenz im Exil, galt der Hauptgedanke der sechs Vertriebenen vor allem der in Wien verbliebenen Mutter. Würden sie auch für sie und die beiden bei ihr ausharrenden Schwestern Aus- und Einreisegenehmigungen für irgendein Land der Welt auftreiben können? Würden sie ihre Mutter und die anderen Geschwister je wiedersehen?

Die Erinnerung Susis beginnt in dem Augenblick, als das Kärntner Dienstmädchen Franzi kurz nach dem Anschluß zu ihrer Mutter kam und erklärte: »Bitte schön, mein Freund ist bei der SS, wir wollen heiraten, und er sagt, Sie müssen uns Ihre Wohnung überlassen, sonst zeigt er Sie an.«

Susis Vater hatte in der Ausstellungsstraße 1 im II. Wiener Bezirk, wo sie auch wohnten, eine kleine Paprikamühle betrieben, in der verschiedenes Grünzeug zu Gewürzpulver vermahlen wurde. Dieser Betrieb war bereits arisiert, das heißt, entschädigungslos in deutschen Besitz übergegangen. Nun verloren sie auch ihre Wohnung.

Es blieb also Elisabeth und Heinrich Gal nichts anderes übrig, als mit ihrer Tochter Susi zur Mutter zu ziehen, zu jener Frau mit den schon erwachsenen acht Kindern. In dieser Wohnung, in der Czerningasse im II. Bezirk, lebten damals auf engem Raum zusammen: Großmutter Gisela, ihre Tochter Rita mit Ehemann Simon, »Sym«, die Töchter Hilda und Elsa und jetzt noch Elisabeth mit Ehemann Heinrich und Susi.

Das erste, woran sich Susi nach dem 12. März 1938 erinnert, sind ihre Eltern, Tanten und Onkel, die auf der Straße knieten. In der Märzkälte mußten sie vom Pflaster des Pratersterns die Kruckenkreuze entfernen, die mit weißer Ölfarbe im Hinblick auf die Volksabstimmung am 13. März von der noch pro Österreich gestimmt gewesenen Vaterländischen Front aufgepinselt worden waren. Diese Volksabstimmung, von der Hitler ein mehrheitliches Ja für ein unabhängiges Österreich befürchtete, wurde abgesagt, und Hitler marschierte mit seinen Truppen ein und besetzte das Land. Die patriotischen Freudenzeichen auf den Straßen und Wänden der Stadt ließ er nun von der jüdischen Bevölkerung entfernen. So sah auch Susi auf ihrem Schulweg immer wieder Menschenmengen, die die auf der Straße mit Bürsten, Zahnbürsten und Händen schrubbenden Juden als »Saujuden« beschimpften und sie verspotteten.

In die Schule mußte Susi in diesem Schuljahr 1938/39 regelrecht geschleppt werden, ihr Widerwille war so groß, daß sie jeden Morgen ihren Schulweg nur mit Weinen und Erbrechen hinter sich brachte. Sie war bereits aus nicht weniger als fünf Volksschulen hinausgeworfen worden. »Judenfratz, Judenbankert«, waren die harmlosesten Schimpfworte, die Susi von Mitschülern und Lehrern zu hören bekam. Als sich die Siebenjährige einmal beim Tafellöschen einen Span in den Finger einzog, was ziemlich schmerzte und blutete, wollte sie weinend bei ihrer Lehrerin Hilfe suchen.

»G'schiacht da ganz recht, Judenfratz, verschwind«, war die Antwort.

Einmal kam sie in der Früh mit ihrem Vater bei einer Gruppe junger Leute vorbei, die eben dabei waren, einen alten orthodoxen Juden brutal zusammenzuschlagen. Den Anblick dieses wehrlosen Opfers und der fanatisierten Jugendlichen hat sie nie mehr vergessen.

Das muß gleich nach der »Kristallnacht«, am 10. November 1938 gewesen sein. In dieser Nacht sahen sie von ihrem Fenster aus das Bethaus in der nahen Tempelgasse brennen. Als Susi an einem der darauffolgenden Tage von der Schule nach Hause kam, waren ihr Vater und Onkel Sym aus der Wohnung abgeholt und nach Dachau gebracht worden.

Es war wahrscheinlich auch um diese Zeit, daß das ehemalige Dienstmädchen der Gals, Franzi, hinter dem Rükken ihres SS-Freundes mit ihren ganzen Ersparnissen, rund 1 500 Reichsmark, angelaufen kam, um sie Susis Eltern zu übergeben. Sie wollte damit zeigen, daß sie von ihrem Verlobten gezwungen worden war, den Gals mit der Anzeige zu drohen, mit diesem Vorgehen aber nicht einverstanden war.

Der Briefwechsel beginnt, nachdem Tante Hilda nach London und Onkel Leopold 1939 nach Buenos Aires entkommen waren. Susis Vater Heinrich und Onkel Sym waren immer noch in Dachau, aus dem sie nur herauskommen würden, wenn ihre Frauen Ausreisegenehmigungen auftrieben. Von der gesamten umfangreichen Korrespondenz – die acht Geschwister schrieben einander ununterbrochen – sind nur jene Briefe erhalten, die an Leopold in Argentinien gerichtet waren. Sie beginnen mit »Liebster Leo«, »Innigliebster Bruder« oder – wenn Susi ihm schrieb – »Mein geliebter Onkel«. Mehr als »1 000 Bussis von Deiner Nichte Susi« hat sie in ihrer kindlichen Handschrift meist nicht an die bis zum Rand vollbeschriebenen Blätter dazusetzen können. Die Großen hatten sich so unendlich viel Wichtiges und Trauriges zu erzählen.

Onkel Leo starb 1987 in Argentinien, einsam und allein, im einundachtzigsten Lebensjahr. Als Susi Gal – heute Susi Guttmann – den Nachlaß holte, fielen ihr diese Briefe in die Hände. Noch im Flugzeug las sie die aus allen Teilen der Welt stammenden, teils mit der Hand, teils auf Durchschlagpapier mit der Maschine geschriebenen Blätter aus den Jahren 1939 bis 1941 und weinte die ganze Strecke von Buenos Aires bis Wien.

Die nachfolgenden Briefe sind nur ein kleiner Auszug aus dem dicken Stoß.

Der erste Brief kommt von Hilda aus London 21. 1. 1939

Mein innigstgeliebter Leo!

Endlich ein Lebenszeichen von Dir und ich habe Deine richtige Adresse erhalten, nun bin ich wieder ein normaler Mensch. Habe mich unerhört über Deine lb. Karten gefreut und noch mehr, wenn ich die Briefe lese, die Du nach Hause schreibst. Daß Du mit Gottes Hilfe in Montevideo bleiben kannst, ist, glaube ich, ein großes Glück. Habe die ganze Zeit, wo Du auf der Reise warst, immer an Dich gedacht. Doch ich habe Dir nach Marseille und nach Dakar geschrieben, hast Du denn meine Briefe nicht erhalten? Der liebe Gott soll Dir jetzt nur viel Glück und Gesundheit geben, damit Du ein neues und schönes Leben aufbauen kannst. Bei Deiner Tüchtigkeit wird es Dir ja nicht sehr schwerfallen. Nun möchte ich auch sehr gerne wissen, wie es Dir geht und wie Deine so lange Reise verlaufen ist?

Glaubst Du, daß Du etwas für die beiden armen Männer (Heinrich und Simon, die in Dachau sind, Anm. d. Verf.) machen wirst können, mir tun sie unendlich leid, ich kann es Dir nicht sagen wie, nämlich die beiden armen Frauen machen furchtbar viel mit. Hoffentlich werden sie doch bald zu Hause sein. Der lb. Gott muß doch einmal auch uns helfen. Ich möchte so gerne zu Dir, denn hier in England glaube ich fast wahnsinnig zu werden. Ich will mich nicht beklagen, denn ich habe seit acht Tagen eine neue Stellung, und zwar bin ich bei einem ganz jungen Rabbiner-Ehepaar. Stelle Dir vor, um 7 Uhr bin ich schon in der Küche und habe schon den Tee gemacht. Ja, in England muß man sehr zeitlich aufstehen, aber nur die Dienstboten, die Damen schlafen sehr lange. Ja, mein liebster Leo, man hat es nicht sehr leicht, aber was soll man machen. Wenn mir

der Posten aber zu schwer wird, dann such ich mir halt etwas anderes. Ich komme mir vor wie der ewige Jud'. Einmal wird es doch anders werden. Ich bete zu Gott, denn dieser Zustand kann nicht länger dauern. Ich soll Dir viele Grüße von der Irma Klug und Trude Garwitz ausrichten. Ich bin öfters mit denen beisammen, und wir sprechen oft von vergangenen Zeiten und auch viel von Dir. Unser armes Mutterl kränkt sich so um uns. Ist das nicht traurig? Wenn ich an zu Hause denke, so könnte ich jedesmal heulen wie ein Schloßhund, und wenn noch soviel gestritten wurde, es war doch sehr schön, und jetzt ist alles vorbei, und Gott weiß, ob wir uns im Leben je wiedersehen werden. Ich will nicht daran denken, denn sonst müßte ich mich jetzt schon umbringen, ich muß halt noch warten. Nun mein lieber guter Leo, lebe recht wohl, und ich glaube, bald von Dir zu hören, der lb. Gott soll Dir noch recht viel Glück geben im neuen Lande. Ich küsse Dich oft und oft in
Liebe, Deine Schwester Hilde

Elisabeth an Leo — Wien, den 11. 2. 1939

Mein lieber Leo.

Dein lb. Schreiben vom 1. 2. haben wir gestern erhalten. Wir wissen gar nicht, wieso Du von Monte weg und jetzt in Buenos Aires bist. Wie hast Du das gemacht? Wenn es in Monte besser war, warum bist Du nach Buenos Aires? Jetzt fährt Willi nach Monte, sein Schiff geht schon am 2. 3. von Genua ab, er wollte zu Dir, und jetzt bist Du nicht dort. Willi fährt mit der Familie und Sigi auch mit seiner Familie. Deine Steuerunbedenklichkeit haben wir endlich, das war eine Lauferei, bis ich jemand aufgerissen, der das um 40 RM gemacht hat, man zahlt

100 RM und noch viel mehr. Aber sie läuft am 10. März schon ab, mußt Dich entschließen, wohin wir die Sachen schicken sollen, denn es bestehen heute solche Schwierigkeiten, daß man nicht weiß, ob es dann noch möglich ist. Möbel schicken wir keine. Daß das Klima so schlecht ist, wundert uns. Alle haben immer gesagt, das Klima ist in Buenos Aires am besten. Kannst Du nicht mit Willi in Verbindung kommen? Heinz und Sym sind noch nicht hier. Sag, wäre nicht Rio de Janeiro möglich, daß Du hinkommst? Irma wird in den nächsten Tagen, so Gott will, wegfahren. Eine Einreise haben sie noch keine richtige. Vielleicht bekommen sie draußen etwas. Mutter ist halbwegs gesund. Rita und ich haben noch immer nichts. Vielleicht wird Sucha Sym helfen, aber da die Einreise jetzt für Palästina ganz gesperrt, kann das noch dauern.
Vielleicht kann ich ein Gastvisum nach England erhalten. Hildes Chef will das vermitteln. Sonst, lieber Leo, ist nichts Neues. Es rührt sich nichts. Es ist wie in einer Mausefalle. Das Ausland hilft nicht und sperrt die Grenzen fester ab. Also schreibe bald, was Du machst und wohin wir Deine Sachen senden sollen. Ich wünsche Dir alles Gute, und sei oft geküßt von Deiner Liesl

Rita an Leo — Wien, den 3. März 1939

Mein lieber Leo!
Bevor ich beginne, will ich Dir nochmals alles Gute zum Geburtstag wünschen und hoffe ich, daß Dich unser Telegramm bei voller Gesundheit antrifft. Gestern bekam ich wieder Post von Sym, er ist gottlob gesund und läßt Dich auch schön grüßen. Ach Leo, wie mußte ich bei Deinem Brief weinen, so allein zu sein. Willi schiffte sich gestern ein, er wäre so gerne

mit und bei Dir gewesen, vielleicht fügt es noch der liebe Gott, daß ihr zusammenkommt. Ich war schon so oft wegen Sym bei der »Gestapo«, aber sie verlangen immer wieder (wenn schon nicht ein Visum) eine Shanghai-Karte. Ich laufe mir die Füße wund, und unter 2 000 ist keine zu haben. Ich will ja nicht, daß er allein dorthin fährt, aber ich könnte bei 20% Verlust die Karte stornieren. Für Dienstag, den 7. d. M., habe ich wieder eine Vorladung, kannst Dir denken, mein lieber Leo, mit welchem Gefühl ich hingehe, wenn ich wieder nichts habe. Na, wie Gott will.
Hilderl kränkt sich sehr, daß Du ihr gar nichts schreibst, sie hat große Sehnsucht nach Dir. Die arme Mutter verbringt ihre ganze Zeit im Bett und kann vor lauter Nachdenken um Dich und Hilderl nicht schlafen. Irma, Karl und Heinz sind auch schon fort, und so werden wir immer weniger. Es ist alles gutgegangen, und sie fahren schon nach Belgrad. Wegen der Durchreise, was Du uns schreibst, wird sich Ludwig genau erkundigen, und wir werden Dir darüber berichten. Meine arme Schwiegermutter ist sehr krank und liegt, seitdem Sym fort ist. Arterienverkalkung, hauptsächlich in den Herzgefäßen, und der Doktor meint, daß es eines Tages aus sein kann. Sie sorgt sich so um Sym. Die armen Mütter, was die zu leiden haben.
Mein lieber guter Leo, lebe recht wohl, alle wollen schreiben, und darum will ich mein Schreiben mit recht herzl. Küssen beenden. Immer Deine Rita

Kamilla an Leo — Wien, den 10. März 1939

Lieber Leo,
Du wirst wohl staunen, von mir einen so langen Brief zu erhalten, und wirst Dir denken, was ist in

sie geschossen, aber erstens bin ich etwas gefaßter, und zweitens habe ich leihweise eine Maschine bei der Hand. Ich bin Gott sei Dank schon etwas ruhiger geworden, aber Du kannst Dir ja denken, was ich alles mit der l. Irma mitmachen mußte, und das ist mir nicht alles eins gewesen. Am 1. Feber haben sie einen Teil der Wohnung, und zwar den vorderen, übergeben müssen, und nachdem keine Kochgelegenheit mehr unten war, habe ich bei mir gekocht, und sie sind alle drei zu mir essen gekommen, selbstverständlich auf ihre Kosten. Willi ist am gleichen Tag, wie Irma aus der Wohnung ging, weggefahren, so daß ich mich von ihm und Berta schon Montag verabschiedete. Dienstag habe ich dann der l. Irma geholfen, die Wohnung übergeben, und kannst Dir denken, wie uns der Abschied vom Haus, nicht von den Parteien, ins Herz geschnitten hat, wie sich Karl noch einmal mit Tränen in den Augen umdrehte und so mit seiner Tasche in der Hand alles verlassen hat, für das er sich 45 Jahre plagte. Hoffentlich wird ihnen jetzt der l. Gott nach all diesen Schlägen weiterhelfen, und die Menschen werden endlich ein Platzerl finden, wo sie von ihren Schicksalsschlägen sich erholen können. Dein l. Brief hat mich tief zu Tränen gerührt, ich danke Dir vielmals, daß Du uns helfen willst, aber wie sollen wir dies machen, Du mußt dort ein Visum für viel Geld kaufen, hier bekommt man auf den Konsulaten keine Durchreise, nur eventuell in den auswärtigen Häfen, wie Hamburg, Genua etc. eines, und das ist nicht sicher, man muß hier aufs Geratewohl sein Domizil abbrechen, steht dann draußen und weiß nicht ein und aus. Ich glaube, ich werde noch warten, bis sich etwas Sicheres entscheidet. Vielleicht kann uns Irma, wenn Sie mit Gottes Hilfe nach Brasilien kommen, irgendwie helfen. Wenn nicht, kann man auch nichts machen und müssen wir eben weiter warten. Lieber Leo, Du willst absolut nicht Deine Sachen nachgeschickt, hier kann man sie aber nicht verwerten. Deine Utensilien können überhaupt nicht verkauft werden, da Juden sie nicht mehr verkaufen dürfen, und für Kristall bekommt man gar nichts mehr, weil selbes um 40–50% gefallen ist, und wenn die Leute unter der Hand etwas kaufen wollen, muß dies beinahe umsonst sein. Leider läuft Deine Steuerunbedenklichkeit wieder am 20. ds ab, und wir wissen noch immer nicht, wo aus und ein mit den Sachen. Sag, l. Leo, geht es Dir wirklich schon etwas besser, und hast Du nur den letzten Brief zur Beruhigung der l. Mutter geschrieben? Ihr geht es nicht sehr gut, wir hatten jetzt wieder ein paarmal den Doktor. Sie hat Wasser in den Füßen, welches aber wieder mit den Medikamenten abgeht. Gehen kann sie beinahe gar nicht mehr, aber der Doktor verspricht sich noch etwas von der besseren Witterung. Wollte Gott, er hätte recht. Wenn Dein l. Brief wirklich Wahrheit ist, freut er mich sehr, wenn nicht, hast Du mit Deinen Worten nur ein gutes Werk getan, denn Mutter ist um ihre Kinder, die draußen sind, sehr besorgt. Von uns kann ich Dir nicht viel berichten, gesund sind wir, nur immer in der Angst, was wird der morgige Tag bringen. Bleibe gesund, und küsse ich Dich im Geiste tausendmal. Deine Schwester Kamilla

Inzwischen haben Willi, seine Frau Berta und ihre zwei kleinen Kinder eine Fluchtgelegenheit nach Montevideo ergriffen. Folgenden Brief an seinen jüngeren Bruder Leo schrieb Willi schon auf Bordpapier des Überseedampfers »Augustus«:

Liebster Leo! 14. 3. 1939

Ich habe Dir bereits einige Male geschrieben, als ich von Wien fort bin, hattest Du noch immer keine Post von mir erhalten, was mir sehr leid tut. Wenn Du diesen Brief erhalten solltest, bin ich bereits in Montevideo, wo ich wohnen werde, weiß ich leider nicht, aber Post erreicht mich bei Italmar Monturdeo für Willi Neumann, also bitte schreibe mir sofort. Solltest Du schon geschrieben haben, werde ich die Post in Monte erhalten. Diesen Brief schreibe ich einen Tag vor Rio de Janeiro.

Wenn Du mir Ratschläge geben kannst, möchte ich Dich bitten, es bald zu tun. Ich weiß noch nicht, wie es sein wird. Am liebsten möchten wir in Uruguay bleiben und ein Geschäft beginnen, ob 2 000 Dollar reichen werden? Wir haben eine gute Schiffahrt, bloß zwei Tage Seekrankheit, meine Schrift sieht zwar aus, als ob ich es noch wäre, aber der Kasten zittert, und ich kann nicht schreiben. In Wien ist leider noch immer nichts zum Besseren gekommen. Die beiden Männer sind noch immer in Dachau, kannst froh sein, aus dieser Hölle entkommen zu sein. Du kannst Dir keinen Begriff machen, wie die es getrieben haben, alle Tempel ausgebrannt und das Tor am Friedhof in die Luft gesprengt, 1 000 Kinder sind seit diesem Tag überhaupt aus Wien vermißt, usw., es sind wilde Tiere, diese Deutschen, und in anderen Staaten geht es auch schon so los. Ich bin traurig, daß unsere gute Mutter so viel ertragen muß. Irma ist einen Tag nach mir nach Jugoslawien gefahren, jetzt sind schon 4 Kinder aus ihrem Gesichtskreis entrissen. Ich glaube nicht mehr, sie jemals wiederzusehen, und dies alles, weil es ein Unmensch so haben will. Wie geht es Dir, mein Lieber, ich freue mich, daß Du Arbeit gefunden hast und es

Dir gelungen ist, nach Argentinien zu kommen. Wenn ich die Hilde herüberbekommen könnte, würde ich eine große Konfektion beginnen. Vielleicht hast Du neueste Nachrichten von zu Hause, bitte teile mir alles mit, ich bin ja doch schon 20 Tage von Wien fort. Nun, mein Bruder, schreibe auch sofort, leider wäre es gut gewesen, wenn ich in Wien gewußt hätte, was ich mitbringen soll.
Ich küsse Dich, Willi

Kamilla an Leo Wien, den 21. April 1939

Liebster Leo,
Du wirst wohl im Besitze von Karls Brief und auch unserem Telegramm sein, und will ich dir hiezu folgendes mitteilen. Sym und Heini haben sich entschließen müssen, doch nach Shanghai zu fahren, weil ja Deine Sachen zu spät gekommen wären, resp. sie hätten keine Schiffskarten vor dem August bekommen und auch dann nur, wenn sie schon jetzt die Visa gehabt hätten, ansonsten hätten sie erst für Oktober buchen können, und das ist den Männern viel zu spät, sie haben ja nur bis 14. Juni Aufenthaltsbewilligung und wollen nicht nochmals verlängern lassen. Wollte Gott, Sie könnten zu diesem Datum fort, denn man weiß ja nicht, was der morgige Tag bringen kann. Hoffentlich wird sich am 28. die Sache in Güte erledigen, und es kommt zu keinem Krieg, denn sonst wären wir hier verloren. Ich will und kann vorläufig noch nicht wegfahren, erstens können wir noch hierbleiben, und zweitens will ich Elsa mit der l. Mutter nicht alleine lassen. Es ist ja noch nicht so dringlich für uns, zu beißen haben wir ja noch, so warten wir halt zu. Vielleicht wird sich später für uns etwas Besseres finden. Sag, l. Leo, du schreibst immer von Deinem bezahlten

Lehrgeld, ist Dir mit den Koffern, Gott behüte, etwas passiert? Willi schreibt auch über Dich so ähnlich, und wir sind deshalb voller Unruhe, schreibe doch einige aufklärende Zeilen darüber, nicht immer nur Halbes, und man macht sich dann noch schlechtere Gedanken, als vielleicht nötig ist.
Der l. Mutter geht es gesundheitlich immer im gleichen, die Füße haben sehr nachgelassen, und fühlt sie sich im Rollstuhl ganz wohl, sie macht sich viel Sorgen um uns alle, und jetzt werden Lisl und Rita auch noch weg, das Nest wird immer leerer, und so kann man es der armen Frau nicht verübeln, wenn sie traurig und mißgelaunt wird. Hoffentlich hilft ihr der l. Gott über diesen Abschied auch noch hinweg, der Mensch ist ja zäher als eine alte Katze. Meine letzten ausführlichen Briefe wirst Du ja alle erhalten haben, bitte schreibe einmal ein paar Zeilen darüber. Was gibt es denn bei Willi Neues, wir bekommen ja nur durch Brandeis Post (die Brandeis sind die Verwandten von Willis Frau Berta, Anm. d. Verf.), und da wird er ja nicht klipp und klar schreiben wollen, Deinen Äußerungen zufolge, dürfte dort auch nicht alles klappen.
Es freut mich sehr, aus Deinen l. Briefen zu entnehmen, daß es Dir gutgeht, hoffentlich ist dies nicht nur Schmus, ich wünsche es von ganzem Herzen, der l. Gott möge Dir noch recht viel Glück schenken, Du bist noch jung, wir sind auch jung, und so ist es möglich, daß wir uns im Leben nochmals irgendwo sehen werden.
Nun, l. Leo, mache ich Schluß, bleibe gesund, und ich küsse Dich herzlich, Deine alte Schwester Kamilla

Im April 1939 kamen Susis Vater Heinrich und sein Schwager Sym aus dem Lager Dachau nach Hause, nachdem ihre beiden Frauen, Elisabeth und Rita, für den Wucherpreis von je 1 150,– RM Schiffskarten nach Shanghai aufgetrieben hatten, der einzigen Stadt der Welt, in die einzureisen ohne Visum möglich war.

Rita an Leo Auf dem Wege nach Singapore, 2. 7. 1939

Mein lieber Leo!

Gestern wollten wir Dir ein Telegramm senden, aber es kostet nahezu RM 100,–, und woher, wenn nicht stehlen. Bevor ich zu anderen Dingen übergehe, will ich Dich bitten, lieber Leo, daß Du mir das sendest, was Du mir versprochen hast. Wir kommen in Shanghai in ein Lager, und derjenige, der sich ein Zimmer leisten kann, bekommt die Kost und vielleicht einen kl. Wohnungszuschuß. Wir haben noch acht Tage Reise und wäre ich froh, diese schwere Reise hinter mir zu haben. Man kann vor lauter Hitze weder schlafen noch essen. Habe ohnehin von meinem Schneidergewicht so viel abgenommen, daß ich schon ganz kraftlos bin. Glaube mir, Leo, ich hätte schon früher geschrieben, aber unser Bargeld ging hauptsächlich für Fracht, Trinkgeld und Porto auf. Unsere Mütter konnten wir nicht ohne Post lassen. Ich lasse Willi und seine Frau grüßen, und Dich küsse ich herzlich als Deine Rita

Kamilla an Leo Wien, den 11. Juli 1939

Lieber Leo!

Du wirst wohl überrascht sein, schon heute wieder von uns Post zu bekommen, aber bevor ich Deine Sachen an Willi schicke, will ich Dich fragen, ob wir auch das Bettzeug und einige Bettwäsche mitsenden sollen, auch vielleicht etwas Deckerl etc., denn die

l. Mutter glaubt, nachdem die Kisten nicht direkt an Dich gehen, sondern an Willi, ob sich er oder Berta nicht Verschiedenes nehmen werden, was sie gerade brauchen können. Also bitte schreibe mir noch rasch, damit ich bis Ende nächster Woche diesbezüglich Bescheid habe. Eine Frau Weinberger im zweiten Bezirk kann ich nicht suchen gehen, nachdem ich keine genaue Adresse weiß, ich kann ja nicht 30 oder 35 Weinberger abhausieren, und überdies könnte ich ja auf ihren Namen nichts senden, weil die Bewilligung auf Leopold Neumann lautet. Also werde ich alles an Leopold Neumann unter Willis Adresse senden, die Begleitpapiere an Willi, und außerdem wird mir der Spediteur dies hier so erledigen, daß auch Willi die Sachen ohne Verzollung herausbekommen kann. Dies geht alles über Hamburg, muß dort auch erst bewilligt werden, und sobald alles erledigt ist, werden wir die Beschau machen lassen, das Fräulein beim Spediteur, nebenbei bemerkt noch eine J., hat mir versprochen, alles in meinem Sinne zu machen. Soll ich außer den zwei verpackten Schachteln auch noch die Instrumente, die in Deinem Kasten sind, mitsenden? (Anm. d. Verf.: Leo war ein in Wien ausgebildeter Zahnarzt, konnte in Buenos Aires aber nur als Zahntechniker arbeiten.)
Willi schreibt auch, er hat von uns seit 4 Wochen keine Zeile bekommen. Wir schreiben doch an Deinen Briefen immer für ihn etwas dran, schickst Du denn die Briefe an Willi nicht weiter, ich kann nicht annehmen, daß sie ihm von Berta nicht gegeben werden. Hast Du schon Post von Rita und Lisl, uns hat Lisl telegraphiert, wir sollen Hilde sofort veranlassen, ihr das Geld nach Shanghai zu überweisen. Es ist dies eine Zuwendung von einem Ihrer

Freunde aus London. Jetzt sind sie ja schon in Shanghai, und sobald Lisl das Geld hat, wird ja die erste Sorge auch von ihnen genommen sein. Wir haben bis jetzt keine Post von ihnen, sie haben die ganzen 4 Wochen nur zwei Briefe vom Schiff geschrieben und diese ganz ohne Belang. Jede für sich, sie dürften wieder einmal bös sein, und zur Aussöhnung kommt es sehr schwer bei ihnen, denn Rita ist noch immer der Pfau, der sie war. Aber was soll ich mir noch diesbezüglich den Kopf darüber zerbrechen. Irma hat uns schon ihre Adresse in Antwerpen bekanntgegeben, sie lautet: Karl Löbl, Antwerpen, Belgien, Lange Winkelhaakstraat 10. Sie schreibt, sie haben sehr viel mitgemacht, man wollte sie nicht in Brüssel aussteigen lassen und ins Gefängnis bringen, Irma hat einen Nervenanfall bekommen, und so haben sie doch endlich nach langem Bitten dann die Pässe zur Weiterfahrt erhalten. Bei der Polizei in Antwerpen haben sie 30 Tage Aufenthalt bekommen, aber Karl schreibt, wir sollen uns jetzt keine Sorgen um sie machen, es leben schon Emigranten 9 und 12 Monate dort, und auch sie wurden sehr nett aufgenommen. Belgien ist ein feiner gastfreundlicher Staat und gegen Emigranten sehr zuvorkommend. Sie haben schon zwei kleine Zimmer gefunden, wo sie auch im Zimmer kochen können.
Willi schreibt, sein Geschäft ist schon eröffnet, es heißt Casa Brandeis, aus Hochachtung und Dankbarkeit für Jula und Arthur. (Die Schwiegereltern Willis, Anm. d. Verf.)
Er schreibt auch, wenn das Geschäft einschlägt, wird er sofort auf Grund seiner Legalisierung seine Schwiegereltern und unsere l. Mutter anfordern, er stellt sich das mit Mutter eben leichter vor.
Sei froh und danke Gott nicht nur Freitag, sondern

täglich, daß Du draußen bist. Hoffentlich werde ich noch mit Deinen Sachen ein bißchen Glück haben, daß mir alles durchgeht, und dann habe ich ja alles hinter mir, was ich noch für meine l. Geschwister erledigen konnte. Ich habe auch für Dich alles nur aus alter Liebe zu Dir getan, Lohn habe ich mir keinen genommen, es ist ja auch dank der l. Lisl nichts übrig geblieben, denn sie haben alles brauchen können, und was sie nicht gebraucht haben, haben sie eben verkauft. Aber, Gott sei Dank, ich brauche nichts, zu essen haben wir, Ludwig bekommt noch immer die Unterstützung, auch RM 40,– im Monat, und so schlagen wir uns schon durch.
Lieber Leo, bitte teile mir auch mit, was ich mit den verschiedenen Bücherverzeichnissen, auch mit der Kartothek machen soll, sie liegen wohl im Schrank, aber ich will diesen einmal in Ordnung bringen.
Sonst nichts Neues, und küsse ich Dich in alter Liebe, Deine Kamilla

Kamilla an Leo Wien, den 24. August 1939

Liebster Leo!
Deine beiden l. Briefe vom 16. und 18. ds. bestätige ich hiemit und sende Dir mit gleicher Schiffspost eine Copie von zwei Briefen der l. Rita. Wir haben gestern zwei Briefe von ihr und zwei Briefe von der Lisl bekommen, scheinbar gehen die Schiffe nicht sehr oft, so daß die Post zusammenkommt. Lisls Briefe habe ich gar nicht mehr kopieren können, mir tun die Hände schon weh, und ich habe noch viel zum Schreiben, nur schreibt sie erst ganz verzweifelt und dann wieder, Heini (ihr Mann, Anm. d. Verf.) hat für das halbe Geld eine Bar gekauft, es ist eigentlich eine Matrosenkneipe am Hafen, in der Nähe der Stadt, mit 6 Mädchen Bedienung, und

hoffen sie, daß dies ein gutes Geschäft sein wird. Heini freut sich schon darauf wie ein kleines Kind, nur Lisl kann nicht ins Geschäft gehen, dies ist nichts für sie. Einen so zerfahrenen Brief habe ich in meinem ganzen Leben nur von Lisl erwartet, ich kann mir ja vorstellen, was die Armen dort mitmachen müssen, aber man muß doch nicht in zwei Briefen so viel erzählen, daß die l. Mutter ganz krank ist. Im anderen Fall konnten wir die Briefe nicht verheimlichen, weil sie schon sehnsüchtig auf Post gewartet hat. Auch wir haben sehr viel geweint, aber leider muß man sich in sein Schicksal fügen, wer weiß, was uns noch blühen wird. Schön sieht die ganze Chose nicht aus. Hoffentlich ist Rita jetzt schon im Besitze Deines Geldes und wird sich auch so also helfen können. Von Lisl haben sie absolut nichts angenommen, also müssen sie im Dreck verkommen, wenn man seinen Starrkopf aufbehalten muß. So etwas ist mir noch nicht vorgekommen, bei einer solchen Situation so eigensinnig zu sein. Und nun zu Deinen Briefen. Du wirst ja inzwischen schon mein recommandiertes Schreiben mit dem Ausfolgeschein für Deine Kisten erhalten haben, bitte, mir dieses Schreiben dann sofort zu bestätigen, und tust Du mir Unrecht, wenn Du glaubst, daß ich den ersten besten Spediteur genommen habe. Wir haben uns vielseitig erkundigt, und war die Firma Achter noch die kulanteste. Die Fracht selbst für Deine Kisten hat ja auch nur RM 300,– ausgemacht, aber die vielen Nebenspesen, die bei jedem anderen Spediteur auch aufgelaufen wären, haben eben den Betrag erhöht. Es waren dies zwei Kisten, Holzwolle, Papier, 2 Packer, Zollbeschau, Zollintervention, Zollbegleitung zur Bahn, Manifestationsspesen, das sind die Papiere, die man aus

Hamburg brauchte, damit Deine Sachen zollfrei ausgeführt werden können, nicht daß Du dort keinen Zoll bezahlen mußt, da hast Du mich schlecht verstanden, aber für zahnärztliche Instrumente muß man eben erst eine freie Zollausfuhr haben, sonst hätten wir auch für alte Sachen hier Zoll bezahlen müssen, dann die Trinkgelder, so daß es eben auf ca. RM 500,– gekommen ist. Verkaufen wollten wir ja nichts, da Du ja geschrieben hast, daß Du auf die kleinste Kleinigkeit reflektierst, und zu verkaufen wären ja auch die Sachen schwer gewesen, warum, habe ich Dir ja bereits geschrieben, Du mußt nur meine Briefe genauer lesen. Wenn auch die Kisten beim Spediteur in Monte einige Zeit liegen müssen, das kostet ja nicht so viel, denn Karl hat mir geschrieben, daß seine großen Koffer, die beim Spediteur in Belgien liegen, bloß 16 belg. Franken per Monat kosten. Aber ich bin überzeugt, daß die Papiere rechtzeitig dort sein werden, weil auch der Willi seine Papiere für die Kinderbetten viel früher hatte, als die Betten selbst. Die konnte er erst, wie er selbst schreibt, dieser Tage auslösen. Also Schluß der Debatte.

Vielen Dank für den Kaffee. Wir haben ihn bekommen, nur bei Mutter hat der Briefträger Schwierigkeiten gemacht, ihn nicht ausfolgen wollen, weil Weimann anstatt Neumann auf der Adresse war. Wir mußten je RM 1,– Zoll bezahlen, und RM 1,60 kostet hier ein gutes Viertel Kilo. Bitte, vielleicht versuchst Du es einmal mit etwas Tee, denn Kaffee bekommt man hier sowieso, und für die paar Groschen Ersparnis zahlt es sich nicht aus, daß Du welchen schickst.

Was es hier Neues gibt, wirst Du ja aus den Zeitungen ersehen, Hilde schreibt, daß sie jetzt 8 Tage Ur-

laub hat und am Meer ist, bei Irma gibt es nichts Besonderes. Noch etwas will ich Dir sagen, Deine Kisten wiegen 619 kg und mußten aufgerundet werden auf 650 kg, das ist Amtsvorschrift.
Ich war froh, daß ich Deine Sachen überhaupt noch wegschicken konnte. Leicht war es nicht mehr, weil ja zwei Tage später die neuen Verordnungen herausgekommen sind, dies zu meiner Rechtfertigung.
Sonst nichts Neues, viele Küsse, Deine Kamilla

Inzwischen war der Zweite Weltkrieg ausgebrochen. Die in Wien Verbliebenen saßen in der Falle. Irma, Ehemann Karl und Sohn Heinzi irrten noch irgendwo in Europa umher. In einer abenteuerlichen Flucht gelangten sie über Ungarn, Jugoslawien und Belgien schließlich doch nach Südamerika, in die Hauptstadt Brasiliens. Leo erfuhr von Bruder Willi davon.

Willi an Leo Montevideo, 28. 10. 1939

Mein liebster Leo!
Vielen Dank für Deine lieben Übermittlungen der Briefe von allen Seiten. Es überrascht mich gar nicht, daß Irma schon in Rio ist, leider kamen sie nicht zu uns. Trotzdem habe ich ihr sofort geschrieben, daß sie alles dransetzen sollen, nach Montevideo zu kommen. Da ich Platz in meinem neuen Haus habe und Essen auch genügend da ist. Später könnte ich dann mit einem Geschäft etwas für sie machen. Nach dem, was die Leute sagen, ist es von Rio leicht, herüberzukommen. Wir haben unser Geschäft vergrößert, haben diese Woche die Eismaschine mit 4 Konservatoren bekommen und harren der Dinge, die da kommen werden. Es sind große Regien, die wir auf uns genommen haben. Wir sind alle gesund, und es freut mich, daß auch Du es bist.

Aus Wien haben wir von meinen Schwiegereltern Post bekommen, es soll auch bei uns zu Hause alles in bester Ordnung sein. Gebe Gott, daß es so bleibt. Nach allen Zeitungsberichten scheint der Krieg Jahre zu dauern, es ist ja noch nicht einmal der Anfang gemacht, und die ganze Welt wird mitgerissen werden, für uns heißt es Geduld haben, nur die drüben, denen wird es halt schwerfallen mit der Geduld, das Herz zerreißt es mir, wenn ich an sie denke, ob uns der liebe Gott weiter alle erhalten wird. Bei unserem bekannten Neumann-Pech hatten wir zum Schluß doch mehr Glück als alle anderen.

Nun, lieber Leo, schließe ich, bitte schreibe immer überallhin auch von mir Grüße, so wie ich es von Dir stets tue. Es grüßt und küßt Dich Dein Willy

Irma an Leo Rio, 10. 12. 1939

Mein lieber Leo,

Deinen lb. Brief samt Beilage habe ich erhalten, bin einesteils froh, daß ich doch einige Zeilen von zu Hause lese, andererseits ist es furchtbar, wie trostlos Kamilla, unser Dragoner, schreibt. Ja, wie müssen die dort leiden, wenn man den armen Teufel so fertiggemacht hat, daß sie schlapp wird. Ich kann Dir gar nicht sagen, wie schrecklich das alles für mich ist. Ich dachte es mir so schön, wenn ich hierherkomme, Permanenzvisa habe ich, so wird es leicht sein, die Mutter anzufordern und eine Begleitperson. Da dachte ich, da können die Kamilla und Ludwig mit, inzwischen ist jetzt durch diesen verfluchten Krieg alles gesperrt und vorläufig nur auf Umwegen etwas zu machen, da verlangen aber die sauberen Herren 15 Contos für eine Familienlamanda (Einreisebewilligung, Anm. d. Verf.). Ja leider, das habe ich nicht im Vermögen. Aber bitte, lieber Leo, ich habe Dich gebeten, ob Du vielleicht die Daten alle genau weißt, denn vielleicht kann ich doch im Jänner einreichen, manchmal findet ein blindes Huhn auch ein Korn, und da weiß ich die Daten nicht, selbst schon im Gesuch muß alles ganz genau sein, hat mir der Doktor gesagt. Ich habe auch nach Hause geschrieben wegen der Daten und warte auf Antwort. Jetzt habe ich sehr viel zu tun, weil wir eine Wohnung gemietet haben, bis ich die fand, bin ich sehr viel herumgelaufen, dann wegen der Möbel, und jetzt brauche ich noch einen Eiskasten, also zu tun hat man da sehr viel. Das Geld habe ich nicht, daß ich hingehe und kaufe, und bis man sich da alte Sachen, die doch gut aussehen, zusammensucht, das dauert eben an Zeit, noch dazu, wo man angewiesen ist, daß man jemand hat, der den Dolmetsch macht. Na, mit Gottes Hilfe bin ich bald soweit, und würde ich nur den einen Wunsch haben, daß ich unsere Lieben aus Wien noch in dieser Wohnung begrüßen kann. Also, lb. Leo, lebe wohl, ich hätte mich riesig gefreut, Dich zu sehen, aber vielleicht kannst Du es später einmal möglich machen. Bleib gesund. Viele Küsse von Deiner Irma

Kamilla an Leo Wien, den 26. Dezember 1939

Liebster Leo!

Heute Deinen l. Brief erhalten, waren diese Zeilen wieder Balsam auf unser wundes Herz.

Wir waren auch über Willis Zeilen sehr erfreut und hat Ludwig den Brief sofort in die Stadt getragen, damit die Alten Post haben, aber es ist schon vorige Woche ein Brief von Willi dort eingelangt mit der Aufforderung, sie sollen trachten, mit ihren Papieren bald fertig zu werden, denn die Lamanda für beide ist schon abgegangen, auch die nötigen Dollar für die Schiffskarten sind bereits eingezahlt worden, und tatsächlich hat die Schiffahrtsgesellschaft aus Italien bereits bestätigt, daß das Geld schon angelangt ist und die Schiffskarten zu ihrer Verfügung stehen. Eines ist dabei unangenehm, man muß die Fracht ab Grenze Valuta bezahlen, und da wird eben Willi nichts anderes übrig bleiben, als auch dafür aufzukommen. Wohl ihnen, wenn sie bald draußen sein werden.

Wir sind wohl sehr glücklich, daß Ihr endlich etwas für uns einreichen habt können, aber wie dies mit der l. Mutter sein wird, weiß ich wirklich nicht, sie ist ja beinahe ganz gelähmt, kann nicht einmal mehr die Füße selbständig ins Bett geben, man muß ihr diese nachheben, und haben wir gestern wieder einen anderen Doktor gehabt, der all dies, was ich Dir geschrieben habe, widerruft und nur konstatiert hat, daß Mutter eine starke Nierenkolik hatte, die eben diese großen Schmerzen verursacht. Wegen der Lähmung habe ich auch gefragt, aber die kommt seiner Ansicht nach vom Rückenmark aus und schreitet leider von den Füßen angefangen immer weiter, nur kann dies bei Mutters gutem Herzen noch jahrelang dauern – der Brechreiz läßt oft tagelang nicht nach, essen kann sie nur sehr wenig, aber ich hoffe, daß die jetzige Kur, die Dr. Diamant vorgeschrieben hat, strenge Diät, und alles nur mit destilliertem Wasser gekocht und getrunken, sich dahin auswirken wird, daß wenigstens der Nierensand abgeht und sie die großen Schmerzen verliert. Sie ist sehr schwach von dem vielen Nichtsessen und macht ihr das In-den-Leibstuhl-Setzen sehr viele Beschwerden.

Sonst, mein lieber Leo, kann ich Dir nur noch

schreiben, daß wir von Hilde Post haben, die aber sehr verzweifelt klingt und Mutter sich dies sehr zu Herzen nimmt, daß sie es so gar nicht gut getroffen hat und so verzweifelt schreibt. Kann man denn für die Kleine gar nichts unternehmen, sie selbst ist wohl zu ungeschickt dazu, aber ich glaube, wenn von draußen irgend etwas gemacht würde, wäre sie die erste, die wegwollte.

Jetzt mache ich Schluß, die anderen wollen auch noch ein paar Zeilen schreiben, Gott erhalte Dich gesund, ich wünsche Dir alles Beste im Jahre 1940 und sei geküßt

von Deiner Schwester Kamilla

Hilde an Leo London, 21. 1. 1940

Mein lieber Leo!

Diesmal ist es wieder ein Brieflein, das zu Dir flattert, Du sollst nämlich wissen, daß ich wirklich viel an Dich denke und sehr gerne bei Dir sein möchte. Dieses Dienstmädchensein habe ich schon wirklich sehr satt, und ich glaube, der nächste Brief, den ich von Dir erhalten werde, wird schon auf einer neuen Adresse ankommen. Hatte soeben mit meiner süßen Brotgeberin (Gott hab sie lieb, aber bald) einen Auftritt, weil ich ihr sagte, ich kann nicht den ganzen Tag Kohlen und Koks schleppen. In diesem Haus habe ich mich ganz fertiggemacht, und jetzt werde ich auch gehen, das ist ganz bestimmt. Ich kann nicht mehr weiter. So könnte ich Dir Sachen aufzählen, die hundsgemein sind. Auch ist es sehr schwer zu arbeiten bei Leuten, die man nicht mehr gern hat. Am Anfang hatte ich sie sehr gern, aber jetzt hasse ich sie.

Von Zuhause habe ich leider gar keine guten Nachrichten, und ich bin deshalb auch so nervös und zornig. Unser armes Mutterl, wie Du doch wissen wirst, hat leider ein Nierenleiden, was dieser armen Frau sehr viele Schmerzen verursacht, und ein Blasenleiden dazu. So ein Unglück ist über sie gekommen. Die ganze Nacht kann die arme Mutter nicht schlafen, immer muß sie vom Bett steigen, was natürlich sehr anstrengt. Nicht schlafen zu können ist furchtbar, noch dazu, wenn man so ein Leiden hat. Habe vor ein paar Tagen einen Brief zurückbekommen, den ich über Belgien schrieb, doch ich gebe nicht nach, ich schreibe wieder, denn ich muß doch wissen, wie es unserem Mutterl geht. Lieber Leo, wann wird das anders werden, ich bin ganz trostlos darüber, ich sage mir nur immer wieder, Gott soll behüten, wenn der Mutter etwas geschieht, habe auch ich am längsten gelebt. Ich denke ja doch immer, daß ich nach Hause kann, und dieser Gedanke hält mich noch aufrecht. Husten tue ich wie ein Schloßhund, so kalt ist es hier, und von der warmen Küche in die bittere Kälte hundertmal am Tage Kohlen schleppen, wenn der Winter schon vorbei wäre, so kalt ist es, alle Rohre gefroren, mein Zimmer so kalt, mußte mir von meinem Geld einen kleinen Ofen kaufen.

Alle Brandeis sind in Amerika und haben vom dortigen jüdischen Comité eine Wohnung mit Möbeln und Lebensmitteln eingerichtet bekommen, und die Brüder sind in dieser Fabrik angestellt worden, die sie angefordert hat. Ist das nicht ein Massel? Ja, Brandeis muß man heißen und nicht Neumann.

Nun, mein lieber Leo, bleibe gesund (ich möchte es auch gerne sein) und schreibe bald Deiner kleinen Schwester, die Dich herzlichst umarmt und küssend im Geiste an Dich immer, immer denken wird. Deine Hilde

Kamilla an Leo Wien, den 28. Jänner 1940

Meine Liebsten!

Leider muß ich Euch die traurige Mitteilung machen, daß es der l. Mutter gar nicht gutgeht. Wir hatten sie 6 Tage im Rothschildspital zur Beobachtung und wurde auch dort konstatiert, daß die Arme einen Tumor im Bauch hat und die Ausstrahlung auf das Rückenmark die vollständige Lähmung, die sie jetzt hat, hervorruft. Mit der Sprache hapert es auch schon, sie lallt manchmal sehr und spricht teilweise ganz irr, dann ist sie wieder stundenlang bei ganz klarem Verstande und spricht nur von allen Kindern, die draußen sind, daß ihnen der l. Gott noch sehr viel Glück und Segen schenken möge. Ich kann Euch gar nicht schildern, wie einem dieser Zustand die Nerven aufpeitscht, wenn man die Arme so dahinsiechen sehen muß. Essen muß man ihr geben wie einem kleinen Kinde, mit Schnabelheferl und löffelweise und mit aller Energie, sonst würde sie überhaupt nichts mehr zu sich nehmen wollen. Elsa und ich sind schon ganz fertig, hoffentlich wird uns der Herrgott die Kraft geben, auch das Ärgste noch durchzuhalten. Bitte, macht Euch auf alles Schlimmste gefaßt, ich will dann keine Vorwürfe bekommen, ich hätte Euch im Ungewissen gelassen, es ist viel besser, Ihr macht Euch mit diesen Gedanken vertraut, als wenn dann ein Blitzstrahl aus heiterem Himmel käme. Ich habe diese paar Zeilen durchgeklopft und allen Geschwistern geschickt.

Bete für unser Mutterl, und küsse ich Dich tausendmal, Deine Kamilla

Kamilla an Leo Wien, den 8. Feber 1940

Liebster Bruder Leo!

Mit schwerem Herzen setzte ich mich heute zur

Maschine, um Dir die tieftraurige Mitteilung zu machen, daß unser gutes Mutterl nach langem, schweren Leiden am 2. Feber um ½ 7 Uhr früh, leider ohne noch einmal das Bewußtsein zu erlangen, eingeschlafen ist. Sei stark, denke, es war Gottes Wille, sie hat so furchtbar viel gelitten, daß man der Armen, Guten endlich den schwerverdienten Frieden gönnen muß.
Sie war schön wie ein Engel, im Gesicht ganz ausgeglichen, nicht eine Falte, und bitte ich Euch, meine lieben Brüder, seid stark, traget das Unvermeidliche mit Ruhe, ihr ist wohl und möge ihr der l. Gott die Erde leicht werden lassen, so leicht, als sie es hier auf Erden schwer hatte. Von ihrem schönen, leblosen Kopf haben Ludwig und ich noch ein paar Lokken abgeschnitten, die ich Euch im nächsten Brief einsenden werde. Ihr ist wohl, sie hatte alle irdischen Schmerzen überstanden, und uns muß der Herrgott helfen.
Meiner l. Schwiegermutter geht es leider auch nicht gut, man wollte ihr auch den zweiten Fuß abnehmen, was aber Ludwig nicht zuließ, und so erwarten wir auch hier noch diesen Monat unseren zweiten schweren Gang. Wie man das alles überwinden soll, weiß ich nicht, aber hoffentlich wird uns der Allmächtige auch noch hiefür die Kraft geben. Sie leidet furchtbar, und Ludwig selbst wünscht ihr schon endlich ihre so vielgewünschte Ruhe. Ich schreibe nächstens mehr, küsse Euch herzl. Eure Kamilla

Hilda an Leo 22. 2. 1940

Mein liebster Leo!
Wenn Du diesen Brief in Händen hast, so wirst Du doch sicherlich schon wissen, was uns alle so furchtbar getroffen hat. Unser gutes lb. armes Mutterl so

schnell für uns gestorben. Leo, ich kann es noch immer nicht fassen, ich bin des Lebens müde, habe wirklich nicht mehr die Kraft und Lust, so ein verfluchtes Leben weiterzuführen. Wollte Gott, ich könnte neben meinem seligen Mutterl liegen, ich glaube es wäre der schönste Tag in meinem so einsamen Leben. Leo, mein Guter, ich will Dich nicht anweinen, Du hast ja auch jetzt viel zu tragen. Ach, ich wollte nicht mehr leben, doch die Kraft, um mir etwas anzutun, ist mir geschwunden, ich werde doch bezahlt und muß arbeiten, auch wenn es mit mir zur Neige geht. Nach 14 Tagen habe ich erst alles erfahren, ich hatte ja gar nicht gewußt, wie krank unser armes Mutterl war. Nie im Leben ein bisserl Ruhe gehabt, kein Glück, nur immer ein nie endender Arbeitstag. Und sind wir uns ganz ehrlich, gute Kinder waren wir ja niemals! Ich mache mir, solange ich noch leben werde, Vorwürfe, daß ich oft so schlecht zu ihr war. Ja, jetzt ist alles zu spät.
Nun mein lb. Leo, bleibe gesund und bleibe weiter tapfer, denn das Leben fordert das von uns. Ich schreibe Dir bald wieder, ich kann nicht mehr, ich küsse Dich tausendmal, und schreibe wenigstens Du fleißig. In Liebe verbleibe ich Deine tieftraurige
Hilde
Bete viel für unser gutes totes Mutterl.

Willi an Leo Montevideo, 29. 2. 1940

Mein liebster Leo!
Habe Dir vorige Woche einen Brief geschrieben, leider habe ich eine schlechte Adresse gewählt und dürfte Dich dieser Brief, der traurig war, nicht erreicht haben. Vielleicht liegt er noch irgendwo, bis heute habe ich auf Antwort gewartet, nun schreibe ich noch einmal. Ja, Leo, kein Mutterl ist mehr da,

sie ist von uns gegangen, leer ist uns das Leben geworden. Gott gebe ihr die ewige Ruhe, was hat sie alles ertragen müssen, die gute Mutter, ein ganzes langes Leben nur immer für die Kinder gesorgt und gearbeitet, und wir können sie nicht einmal am Grabe besuchen, sehr hart ist das Schicksal. Wir müssen versuchen, den Schmerz zu ertragen. Gerne hätte ich Dich bei dieser Nachricht bei mir gehabt, es hat so weh getan.
Es grüßt und küßt Dich Dein Bruder Willi.

Einer der letzten Briefe Kamillas trägt das Datum 12. April 1940, für Juden bereits ein höchst gefährlicher Zeitpunkt in Wien.

Wien, den 12. April 1940

Liebster Leo!
Was ist denn mit Dir los? Seit dem 13. März haben wir keine Post von Dir, und auch dieser Brief war doch bestimmt alles eher als erfreulich. Du hast doch bis jetzt immer den Kopf oben behalten, solltest Du ihn gerade jetzt verlieren? Heute haben wir von Willi, wie Du gelesen haben wirst, zwei Briefe bekommen mit einer Beilage von Dir, und zwar vom 3. Jänner, und haben uns die Bilderl viel Freude gemacht.
Dies ist aber auch der einzige Lichtstrahl. Löbls haben geschrieben, daß sie vorläufig für uns nichts machen können, alles schließt sich hermetisch ab, Willi kann ja auch nichts für uns tun, Du bist noch immer nicht legalisiert, und von Rita haben wir heute auch keinen guten Brief erhalten. Sie sind wieder ins Flüchtlingsheim zurück, weil sie Dir nicht weiter in der Tasche hängen wollen, und wenn sie das Zimmer behalten hätten, wären sie bald am Gefrier-

punkt gewesen. Sie haben durch ihren Umzug ins Heim wenigstens zum Essen zuzubessern, und das ist die Hauptsache. Sym hat noch immer keine Arbeit, glaubt aber, daß er jetzt bald etwas finden wird. Mit Lisl scheinen sie jetzt ganz auseinander zu sein, aber in diese Sache will ich mich gar nicht mengen, jeder muß wissen, was er zu machen hat, alt genug sind sie ja alle miteinander. Auch glaube ich, daß Sym, der Schmock, viel daran schuld ist.
Ich küsse Dich tausendmal, wünsche Dir, daß Du endlich zur Ruhe kommen mögest, in welchem Sinne, weißt Du ja, wie ich dies meine, und bleibe ich immer Deine Kamilla

Dieser Brief war eine der letzten Botschaften von Kamilla und Elsa, die meist in Kurrentschrift ausführliche Grüße zu den Zeilen Kamillas dazuschrieb. Dann begann auch für sie beide das grausame Versteckspiel. Die Falle war zugeschnappt. Sie konnten nun, mitten im Krieg, nirgends mehr hin. Tagsüber ließ sie ein befreundeter Wiener Zahnarzt in seinem Wartezimmer – als Patienten getarnt – Unterschlupf finden. Nur nachts getrauten sie sich noch in ihren Wohnungen zu bleiben. Kamillas Ehemann Ludwig, ein Urwiener, arbeitete, obwohl Jude, in der Industrie. Er hatte es sich, späteren Meldungen zufolge, noch »irgendwie mit Hilfe seiner Wiener Spezi richten können«.
»Kommt gar net in Frage«, hatte er bei den Fluchtplänen seiner Schwägerinnen immer gespottet: »Auf Tschanghai werd i fahren! Auf Tschanghai! Na, i net! I net! Mi bringts net furt aus Wean!«
Nach Shanghai fuhr er auch nicht, aus Wien »fortgebracht« wurde er doch. Als seine Frau Kamilla und ihre Schwester Elsa im Mai 1942 verhaftet und deportiert wurden, hätte er nicht mit ihnen gehen müssen. Seine Wiener

Freunde hätten ihn weiterhin versteckt gehalten. Doch als er erfuhr, daß Kamilla abgeholt worden war, suchte er sie und schloß sich dem Transport an. Sie wurden alle drei nach Minsk in Rußland verschleppt und kamen dort ums Leben. Wieso Minsk? Wieso so weit im Inneren Rußlands? Vernichtungslager wären doch schon viel näher in Galizien oder Polen bereitgestanden? Als Hilde Neumann sofort nach dem Krieg bei der österreichischen Bundesregierung über den Verbleib ihrer beiden Schwestern Auskunft erhalten wollte, wurde ihr lapidar mitgeteilt, daß Elsa, Kamilla und Ludwig am 27. Mai 1942 »abgemeldet« worden sind. Laut Dokumentationsarchiv des Österreichischen Widerstandes war Minsk eine Sammelstelle für weitere Deportationen.

Die siebzehnjährige Susi mußte im Jahr 1949 mit ihren Eltern aus Shanghai nach Wien zurück. Sie wollten nicht, wollten die Stadt, in der sie gehaßt, gequält und aus der sie vertrieben wurden, nicht mehr sehen. Doch China war inzwischen kommunistisch geworden. Die Flüchtlinge des Zweiten Weltkrieges wurden zwangsweise »repatriiert«, das heißt, an den Ausgangspunkt ihrer Flucht zurückverpflanzt. Susis Eltern wären liebend gerne nach Amerika weitergefahren. Den ganzen Krieg hindurch hatten sie gehofft, von China weiter nach Nordamerika zu kommen. Doch es hat für sie nie »eine Quote« gegeben, das heißt, nie einen Platz auf den zwar langen, aber immer noch zu kurzen US-Einwanderungslisten.

Susis Vater, der in Wien als ein aus Ungarn stammender, fröhlicher Gewürzfabrikant im Steireranzug und mit Steirerhut von Fleischhauer zu Fleischhauer gezogen war, hatte in Shanghai eine kleine Hafenbar betrieben. Dort konnte er im Gespräch mit den vielen amerikanischen Marinesoldaten wenigstens einen Teil seiner unendlichen Amerika-Sehnsucht befriedigen. Doch es half nichts. Er mußte seine kleine Hafenbar »Henry« ebenso wie seine

großen Amerikaträume aufgeben. Heinrich Gal mußte mit den Seinen zurück nach Wien.
Ihre Wohnung in der Ausstellungsstraße, die ihnen 11 Jahre vorher ihr Kärntner Dienstmädel Franzi weggenommen hatte, war ausgebombt. Franzi wohnte noch im Haus, in einer anderen Wohnung. Die Sache hatte ihr kein Glück gebracht. Während des Krieges lebte sie mit ihrem SS-Freund zusammen und brachte vier Kinder auf die Welt. Kaum war der Krieg zu Ende, verschwand ihr Freund, ließ sie ohne einen Groschen einfach sitzen. Franzi brachte sich und ihre Kinder als Krankenschwester durch. Als die Gals nach Wien zurückkehrten, war ihr ehemaliges Dienstmädchen voll Trauer, Scham und Reue. Die Familie söhnte sich mit ihr aus. Franzi gewährte den Heimkehrern so lange in ihrer Wohnung Unterschlupf, bis sie eine eigene beziehen konnten.

1951 hat Susi Jakob Guttmann geheiratet, einen der wenigen Überlebenden von Auschwitz. Wie er in diesem Vernichtungslager überleben konnte? In der Jauchengrube des Lagers. Als Gerüchte umgingen, der Krieg wäre zu Ende, sprangen einige der Jüngeren, Jakob war 19, bis zur Nase in die Jauchengrube, um der Gaskammer zu entkommen. Jakob Guttmann, heute Besitzer eines Wiener Computerfachgeschäftes, ist seither dreimal als Tourist im Lager Auschwitz in Polen gewesen. Nie aber spricht er mit seiner Familie auch nur ein Wort darüber. Am Anfang der Ehe wachte er nachts immer wieder schreiend auf. Diese Angstausbrüche haben sich gelegt. Geblieben ist seine panische Angst vor Hunden, vor allem vor den Dobermanns, die die Gefangenen von Auschwitz zusätzlich zu bewachen hatten. Wenn er einen sieht, kann es vorkommen, daß er auch heute noch schreckensbleich zusammenfährt. Trotzdem spricht er kaum über die Zeit in diesem Arbeits- und Vernichtungslager, die zu einer nicht verheilenden Wunde seiner Seele wurde. Nur seine Frau, Susi Guttmann, Mutter von drei Kindern und Großmutter von sechs Enkelkindern, möchte, daß die jungen Menschen erfahren, wie es ihr als Kind vor 50 Jahren in der Stadt Wien ergangen ist.

GEORG CHAIMOWICZ, 10 Jahre
Vater: Textilfabrikant
1939 nach Kolumbien emigriert

Was Kinderkrankheiten mit der österreichischen Geschichte verbindet

Georg war das Nesthäkchen der Familie. Er war so zart und so klein, daß alle nur »Schurli« zu ihm sagten. Seine Schwester Edith war sieben, sein Bruder Thomas fünf Jahre älter als er. Georg-Schurli kam 1929 in einer prächtigen Wohnung im III. Wiener Gemeindebezirk in der Jaurèsgasse zur Welt, inmitten des vornehmen Botschafterviertels. Nach langem Suchen war diese über das gesamte Stockwerk reichende Luxuswohnung dem erfolgreichen Vater Georgs für seine Ansprüche groß und repräsentativ genug erschienen. Im Haushalt war eine große Anzahl von Personal beschäftigt: eine böhmische Köchin, zwei, drei Bedienerinnen und Büglerinnen, ein Chauffeur, ein Kindermädchen und ein Hilfskindermädchen. Jeden Mittwoch gab es im Hause Chaimowicz große Empfänge. Zu diesem Zweck wurde das kostbare Geschirr aus dem riesigen Vorzimmerkasten geholt, denn Vaters Kunden, Freunde und Bekannte sollten sich an dem fast schon aristokratisch zu nennenden Luxus freuen können.
Georgs Vater war, was man heute einen »senkrechten Aufsteiger« nennen würde. Er war zusammen mit zwei Brüdern und einer Schwester um die Jahrhundertwende nach Wien in die Leopoldstadt gekommen. Seine Eltern waren arme, fromme galizische Juden. Georgs Vater absolvierte eine Lehre als Textilkaufmann, dann leistete er

im Ersten Weltkrieg seinen Militärdienst ab und kam im Staatsauftrag in die Schweiz. Er gründete in Berlin eine Bank und erwarb eine stattliche Anzahl von Zinshäusern. Schließlich baute er in Niederösterreich aus einer ehemaligen Papierfabrik eine Wollwarenindustrie auf, Rohstoffe bezog er aus Neuseeland und Australien. Bald besaß er ähnliche Woll- und Textilimperien in der Tschechoslowakei. Auch in der Schweiz gab es eine Handelsniederlassung. Mit der Zeit war Georgs Vater ein bei allen Honoratioren der Stadt gerne gesehener Fabrikant, dessen einziges patriarchalisches Ziel es war, mit seinem Vermögen eine Dynastie zu gründen.

Thomas und Georg wurden, kaum daß sie laufen konnten, auch schon in der vornehmsten Schule Europas als Zöglinge vorgemerkt, im College von Eton in England, das vorwiegend von Aristokraten besucht wurde. Da auch jeden Mittwoch der britische Botschafter zu Gast war, der ganz in der Nähe wohnte, konnten sich die Buben mit britischen Umgangsformen vertraut machen. Auch die Residenz Fürst Starhembergs, Bundesführer der christlich-sozialen sogenannten »Heimwehr« in Österreich, lag in der Jaurèsgasse, mit laut hupendem Auto fuhr er immer unter den straßenseitigen Fenstern der Chaimowicz-Wohnung vorüber.

Genau gegenüber aber lebte ihr größter politischer »Feind«: der deutsche Botschafter von Papen. Dieser war schon in den dreißiger Jahren der Vertreter Hitlers in Österreich und ein emsiger Wegbereiter des Nationalsozialismus in der Metropole an der Donau. Von Papen war zum Greifen nahe. Von ihren Fenstern aus konnten die Chaimowicz' beobachten, wie diesem Deutschen bereits vor dem Anschluß im Sommer auf dem Balkon von SS-Ordonnanzen das Frühstück serviert wurde. Die Chaimowicz-Kinder waren nicht schüchtern. »Pfui!« riefen sie von ihrem Balkon öfters hinüber. Oder: »Papen, halt die

Pappen!« und ähnliche wagemutige Reime. Auch der kleine Schurli nahm an solchen Heldentaten immer hochrot vor Freude teil. Dabei war er im Grunde genommen kein Held, sondern wegen seiner Kränklichkeit das Sorgenkind seiner Mutter. Die politische Geschichte Österreichs von 1929 bis 1939 deckt sich mit der Geschichte von Georgs Kinderkrankheiten, so könnte man es überspitzt formulieren.

Schon den Bürgerkrieg 1934 erlebte Georg vom Fenster aus mit, denn auch in der Metternichgasse, am unteren Eingang des Belvedere, hatte es Straßenabsperrungen und Bewachung durch die Armee gegeben. Selbst ein krankes Kind bekam in dieser Vorkriegsära vom Fenster aus zeitgenössischen politischen Unterricht.

Ein Jahr später hätte er in die Schule kommen sollen, da verbrühte er sich mit heißem Wasser. Sechs Monate lang lag er mit Verbrennungen dritten Grades im Bett, zu Beginn schwebte er sogar in höchster Lebensgefahr. Doch er überlebte. Die Familie machte ihm sein Krankendasein so angenehm wie möglich, denn er durfte lange Zeit das Haus nicht verlassen, in der Kälte draußen hatte er sich mit seiner Anfälligkeit für Krankheiten noch eine Lungenentzündung geholt.

Als die Mussolini-Truppen im Oktober 1935 in Abessinien einmarschierten, was in der Folge zum Bündnis zwischen dem Duce und Hitler führte, hatte er Keuchhusten.

Georg verfügte schon früh über ein eigenes Radio in seinem Zimmer, außerdem begann er, in den langen Stunden, wenn es ihm schon besser ging, zu malen und zu zeichnen.

In die Volksschule in der Strohgasse kam Georg mit einjähriger Verspätung. Schuschnigg war bereits österreichischer Bundeskanzler und der Antisemitismus voll spürbar. Georg merkte das sofort. Die Klassen waren in A- und B-Züge eingeteilt. Im B-Zug waren meist Juden. Der Lehrer der ersten Klasse war noch halbwegs nett, der Lehrer der zweiten Klasse, Rötzer, konnte sich kleine Schikanen gegen die »Judenfratzen« nicht mehr verkneifen. Er schlug auch Georg wahllos auf den Kopf, verspottete ihn, stellte ihn grundlos zum Spott der anderen in die Ecke. Auch dem Direktor wurde der immer störrischer werdende Bub vorgeführt. Georg hätte ihn gerne gezeichnet: Schmale Lippen, runde, schwarzumrandete Brille, einen dünnen Scheitel, den Körper nach vorne gebeugt. Das Bild des Obernazis für den kleinen Georg, gegen den er keine Chance hatte. Georg hätte keine Möglichkeit gehabt, sich in dieser öffentlichen Schule irgendwie zu entwickeln. Er wurde als Untermensch behandelt und fühlte sich demnach als einer. Als er die Demütigungen nicht mehr ertragen konnte, nahm ihn seine Mutter aus der Schule und gab ihn in die Montessori-Schule im IX. Bezirk in der Wasagasse. Diese schon früh nach den modernen Grundsätzen der Kinderpsychologie geführte Privatschule war die Zufluchtsstätte vieler in anderen Schulen gedemütigter jüdischer Kinder sowie auch zahlreicher katholischer Mädchen aus gutem bürgerlichen Haus, die vor dem rauhen Klima einer öffentlichen Schule geschützt werden sollten.

In dieser Schule erlebte Georg phantastische Dinge. Zum Beispiel: In seiner Klasse waren – mit ihm – acht zeichnerisch außergewöhnlich begabte Schüler. Sie durften ihre schöpferischen Kräfte voll entfalten. Aber auch ihr soziales Verhalten wurde geschult. Reihum servierten sie den anderen Kameraden bei den Mahlzeiten das Essen. Das war eine Auszeichnung. Auch für Georg, der zu Hause nie einen Handgriff tun mußte. Denn er, der jeden Morgen mit dem Chauffeur zur Schule gebracht wurde, den die Eltern in übertriebener Sorge um seine Gesundheit behüteten und isolierten, spürte, daß diese Abkapselung der Zeit nicht mehr entsprach. Vielleicht ahnte Georg mit sei-

ner von Krankheit und künstlerischer Begabung besonders geschärften Sensibilität schon damals, daß diese großbürgerliche Weltfremdheit, in der die Familie wie in einem Glashaus lebte, schuld daran war, daß der Vater den Lauf der politischen Ereignisse ständig falsch einschätzte.
Längst vor 1938 hätte sein Vater, wie viele andere, die Zeichen an der Wand erkennen müssen, doch er fühlte sich – Freund des Wiener Vizebürgermeisters und vieler Diplomaten – in dieser Stadt immer sicher. »Man wird Österreich nicht im Stich lassen«, oder: »Die Suppe wird schon nicht so heiß gegessen werden«, waren seine Ansichten. Er konnte die pessimistischen Reden anderer nicht vertragen. Gewohnt, das letzte Wort zu haben, schnitt er solches »Weibergetratsche« dann immer mit dem berühmten Satz ab: »Jetzt hört doch auf damit, die Deutschen sind das Volk der Dichter und Denker, die werden nichts Böses tun.«
In den Osterferien 1937, die die Familie in einem schönen Hotel am Semmering verbrachte, lernten sie Flüchtlinge aus dem Deutschen Reich kennen. Die Eltern plauderten im Salon miteinander, die Kinder – die Chaimowicz-Buben und die zwei deutschen Mädchen – auf der Veranda. Bis die ältere der beiden blonden Zopfträgerinnen ihnen von Dachau erzählte, einem Konzentrationslager bei München, in das nicht nur politische Gefangene, wie mißliebige Gewerkschaftler, Mitglieder der Sozialdemokratie, Kommunisten und oppositionelle Katholiken eingesperrt wurden, sondern neuerdings auch Juden.
»Was geschieht in Dachau?« fragten die Brüder Chaimowicz. »Da bringt man die Leute um, dort ist ein elektrischer Draht rundherum, und keiner kommt da wieder heraus«, erklärten die Mädchen. Und sie fügten noch hinzu, »daß seit Hitler Juden keine Geschäfte mehr haben dürfen und schon viele aus Deutschland geflüchtet sind«.

»Ich muß mit dir reden«, sagte an diesem Frühlingsabend Thomas zum Vater. Und er erzählte ihm, was die Mädchen über Dachau, das Berufsverbot und die Auswanderungen gesagt hatten.
»Ach«, erwiderte der Vater, »gib nicht so viel auf das, was die Leute sagen, wer weiß, was daran wahr ist.«
Im Dezember 1937 hatte Thomas noch seine Bar-Mizwa-Feier, das jüdische Reifefest, das dem Heranwachsenden bestätigt, daß er ab nun ein selbständig Denkender ist, ein Sohn des jüdischen Gesetzes. Thomas war knappe 13 Jahre alt. Die Familie hatte die religiösen Bräuche zwar nur an den hohen jüdischen Feiertagen, Versöhnungsfest und Passah, ausgeübt, auf eine regelmäßige religiöse Grundausbildung der Kinder wurde aber geachtet. Auch Georg mußte, so klein er war, seiner Mutter hebräische Texte vorsagen.
Zur Bar-Mizwa-Feier, etwa vergleichbar mit der katholischen Firmung, mußte Thomas in einem feierlichen Akt im Tempel in der Seitenstettengasse in tadellosem Hebräisch den für diesen Tag vorgesehenen Thora-Abschnitt vortragen. Eine Textstelle, die davon handelte, daß »Schwerter in Pflüge verwandelt werden«, gefiel Georg, dem kleinen Bruder, besonders gut. Ihm klangen diese schönen Worte wie die Verheißung eines sehr nahen Friedens.
Am Nachmittag fand in der Wohnung ein großer Empfang statt. Über hundert Gäste füllten den großen Salon und das Speisezimmer, jüdische wie katholische Freunde des Hauses. Unter ihnen der greise Wiener Oberrabbiner und ein Herr Köberl, den der Vater zum Direktor seiner Erlacher Fabriken gemacht hatte, sowie Freunde aus der Wirtschaft und der Politik.
An diesem Tag, dem 11. Dezember 1937, war die Welt des jüdischen Wiener Großbürgers Chaimowicz noch in Ordnung. Klavier wurde gespielt, es gab reichlich zu es-

sen und zu trinken. Georg, immer zu Späßen bereit, machte heimlich das große Geschäft seines kleinen Lebens. Er war mit der Aufgabe betraut worden, nach Tisch die feinen Zigarren reihum anzubieten. Ein mit der Familie bekannter Arzt, ebenfalls unter den Gästen, hatte ihm aber den Wink gegeben, doch von jedem Geld dafür zu kassieren. Gesagt, getan. Georg kassierte für jede Havanna einen Schilling, am Abend hatte er über 25 Münzen beisammen. Von seinem Vater bekam er für diese Unverfrorenheit eine ordentliche Dachtel.

Im Februar 1938, als Schuschnigg in Berchtesgaden bei Hitler war, wo er sich noch einmal bemühte, Österreich seine Unabhängigkeit zu bewahren, hatte Georg Scharlach. Es ging ihm schon besser, er war aber immer noch mit seinem Kindermädchen in Quarantäne, beide durften aus seinem Zimmer nicht heraus. So saß er wieder vor seinem Radioapparat und spielte, als die Meldung von der Rückkehr Schuschniggs über den Äther kam, eben mit Weili, dem Kindermädchen, Schach. Wieder zeigte sich die ungewöhnliche Sensibilität des Buben. Der Neunjährige sagte zu Weili: »Das bedeutet nichts Gutes!«

Als am 11. März 1938 abends dann Schuschniggs Kapitulationsrede über den Lautsprecher kam, war Georg schon fast gesund und lag im Schlafzimmer seiner Mutter, das unmittelbar an den großen Salon grenzte, wo die Familie und das Personal vor dem Radio saß. Nachdem Schuschnigg sein »Gott schütze Österreich« gesprochen hatte, begannen alle zu weinen. Die Mutter, die brave Büglerin Minna, die Weili, Schwester Edith.

Am Tag danach waren alle im holzgetäfelten Eßzimmer um den Tisch versammelt, und der Vater beschwichtigte: »Na, werd ich halt nicht der Besitzer, sondern der Direktor meiner Unternehmungen werden, mehr kann doch nicht geschehen. Ihr werdet sehen, der Hitler hält sich nicht lang.«

Plötzlich erfüllte lautes Brummen die Luft. Es wurde immer dröhnender, kam immer näher. Eine Unmenge von Zetteln flatterte in den Hof, die Kinder liefen zum Fenster und sahen viele deutsche Flugzeuge über den Dächern der Stadt, die Millionen von Zetteln mit nationalsozialistischer Propaganda abwarfen.
Hitler war noch nicht in Wien, aber schon waren in den Gassen entlang des Rennwegs Hakenkreuzfahnen zu sehen. Der Polizist an der Ecke trug plötzlich eine Hakenkreuzbinde. Georg war es, wie wenn jemand zu einem Schalter gegriffen und hellen Jubel in der Stadt »entzündet« hätte. Tausende begeisterte Menschen stürmten auf die Straßen. Viele in weißen Stutzen, trotz der Märzkälte, freudig Hitler und seinen Truppen entgegenfiebernd, die Österreich als unabhängigen Staat von der Landkarte löschten.
Als Georg in diesen Märztagen zum erstenmal wieder ausgehen konnte, war er seit langem auch wieder bei seiner Großmutter in der Leopoldstadt zu Besuch. Sie war nur eine kleine Geschäftsfrau, aber sie wußte, wovon sie sprach. »Der Hitler wird keine Rücksicht nehmen auf uns.«
Anders ihr tüchtiger Schwiegersohn, Georgs Vater, der Geschäftsmann Chaimowicz, der am Sonntag nach dem Einmarsch Hitlers seine allsonntägliche Frage stellte: »Was machen wir heute?«
Sie fuhren mit der Straßenbahn in den nahen Prater, wie an vielen Sonntagen wollten sie auch diesmal wieder Vaters Freunde, die Reisners, treffen und mit ihnen spazierengehen. Sie trafen sie auch: Er Direktor der »Austria Email«, sie eine bürgerliche Dame mit einem Foxl an der Leine. Das Ehepaar hatte zwei Töchter.
Sie gingen in der Allee ein Stück in Richtung Lusthaus, auf einmal stand ein Mann vor ihnen.
»Seid ihr Juden?« fragte er. Schwester Dita fand das ko-

misch und kicherte. Darauf der Uniformierte: »Lach nicht, Sara, sonst zahlst drauf!« Hinter ihnen tauchte noch einer auf, der befahl: »Juden, runter vom Gehweg!«
Da sah Georg vom Lusthaus her die Hauptallee entlang eine große Menschenmenge kommen. Vorne SA-Leute, dahinter in Sechserreihen zusammengetriebene jüdische Sonntagsspaziergänger. Links und rechts wieder SA-Leute. Von überall aus den Seitenwegen strömen solche Gruppen herbei.
Den Reisners und Chaimowicz' wurde befohlen, sich in die Kolonne einzureihen.
»Saujuden, Kommando marsch!«
»Was, Sie haben einen Hund?« wurde Herr Reisner gefragt. »Juden mit Hunden nach hinten.«
»Ja, aber ich bin doch Direktor der . . .«
»Juden mit Hunden nach hinten.«
»Aber ich habe doch meine Auszeichnungen aus dem Ersten . . .«
»Juden mit Auszeichnungen nach hinten.«
Plötzlich kam eine Frau mit einem Hund dahergerannt.
»Juden mit Hunden nach hinten.«
»Aber ich bin keine Jüdin«, sagte sie. »Ich suche nur einen Bekannten.«
Schon gingen über hundert Angehaltene Richtung Praterstern. Sie wurden unter den Bahn-Viadukt geführt, wo sie schon eine brüllende Menge erwartete. Dort mußten sie stehenbleiben, damit die Wiener sie anspucken konnten.
Georg war so aufgeregt, daß er zu weinen anfing. Seine Mutter bat einen SA-Mann: »Das Kind ist krank, bitte lassen Sie uns doch laufen.« Der sagte: »Das wird Ihnen gar nichts helfen, denn unsere Leute stehen überall, und Sie müssen sich in den nächsten Zug einreihen.«
Eine zweite Gruppe von Juden mußte die Hauptallee mit Zweigen in der Hand entlangtanzen. Einer anderen Gruppe wurde befohlen, auf dem Bauch zu kriechen.

Georg hat das aber nicht selbst gesehen, sondern erst später davon erfahren.
Für ihn war es arg genug, daß einer zu ihnen sagte: »Am Praterstern stehen die Lastwagen nach Dachau. Es nützt euch gar nichts, ihr werdet alle dort hingebracht.«
Aber noch sollte es dazu nicht kommen. Der generelle Abtransport der Juden in Konzentrationslager sollte in der Ostmark erst später beginnen. An diesem Vorfrühlingssonntag nach dem Anschluß standen am Praterstern noch keine Lastwagen, noch fuhren auch für die jüdischen Wiener die Straßenbahnen. In eine solche rettete sich die Familie Chaimowicz, nachdem sich die SA anderen Opfern zugewandt hatte. Sie stiegen ein und sanken auf die nächsten freien Sitze. Der Vater war weiß wie die Wand.
Erst dieses Erlebnis öffnete ihm die Augen. Er hatte am eigenen Leib zu spüren bekommen, wozu dieses »Volk der Dichter und Denker« imstande war. Karl Kraus hatte es ja viel früher schon in einem anderen Zusammenhang »das Volk der Richter und Henker« genannt. An den Bänken entlang der Hauptallee, an denen sie bei ihrem Spießrutenlauf vorbeigekommen waren, hatten sie auch die Aufschriften »Nur für Arier« gesehen. Zum erstenmal war »Dachau« in die vorher verschlossen gewesenen Ohren des Vaters aus lebensgefährlich nächster Nähe gedrungen.
An einem der darauffolgenden Tage kam der Vater aus dem Büro nach Hause und sagte zur Mutter: »Erinnerst du dich noch an den deutschen Flüchtling, den ich einmal aufgenommen habe, dem ich noch zu essen gegeben habe, weil er am Verhungern war. Erinnerst du dich an Herrn Fritsch? Der sitzt jetzt in SS-Uniform an meinem Schreibtisch. Er wurde als mein kommissarischer Verwalter eingesetzt.«
Dieser Herr Fritsch brachte den Vater im April 1938 ins Gefängnis.

Georg sah eines Tages seine Mutter weinen. Er fragte: »Wo ist der Papa?«
Die Mutter: »Der ist weggefahren.«
Georg: »Wo ist er denn hingefahren?«
Die Mutter: »Weg.«
Georg: »Wann kommt er denn wieder?«
»Bald.«
Am dritten Tag ließ sich der Bub aber nicht mehr abspeisen. Er fragte nur: »Ist der Papa eingesperrt worden?« Die Mutter mußte die Wahrheit gestehen. Herr Fritsch hatte den Vater wegen »asozialen Verhaltens« angezeigt. Der Beweis: Der Vater sollte – ausgerechnet – einen jüdischen Mitarbeiter zum Geldwechseln bei Regen auf die Bank geschickt haben. Dafür blieb er drei Monate lang eingesperrt, wurde in verschiedenen Gefängnissen Wiens untergebracht, einmal zusammen mit elf Häftlingen in einer Einmannzelle. Diese Wanderung von Gefängnis zu Gefängnis diente zur Verunsicherung der Verwandten. Sie sollten ihn nicht finden, sondern ihn in Dachau vermuten.
Der eigentliche Haftgrund war bald klar. Es ging um sein Vermögen. Was der Vater in Berlin, Wien und Umgebung besaß, konnte ihm leicht mit einem Federstrich weggenommen werden. Das war rasch arisiert, in deutsches Eigentum übergegangen. Nur an seine Holding in der Schweiz konnten die Nazis nicht heran. Doch auch die hätten sie gerne gehabt.
Also versuchten die Nazis mehrmals, ihn unter Androhung sofortiger Erschießung zur Unterschrift eines Formulares zu zwingen, das den Schweizer Behörden den freiwilligen Verzicht auf sein Vermögen bestätigt hätte. Der Vater weigerte sich aber, zu unterschreiben.
Nach drei Monaten kam er nach Hause. Georg sah einen abgemagerten, kahlrasierten Mann vor sich, der das Wort »Linsen« nicht mehr hören konnte. Denn die hatte er im

Gefängnis täglich zu essen bekommen. Sie stillten aber den Hunger nicht, schwollen im Magen, blähten ihn auf. Der Vater brachte aus dem Gefängnis mehrere Leute mit, »Häfenbrüder«, wie er scherzend sagte, die keine Wohnung mehr hatten und nun in den prunkvollen Räumen auf Matratzen schliefen. Auch Tante Anni, ihr Mann und ihre Tochter Susi hatten sich bei den Chaimowicz' einquartiert. Ihre Wohnung war ihnen von Unbekannten einfach weggenommen worden.

Die Montessori-Schule war als »undeutsches, jüdisches und zersetzendes Element« gesperrt und aufgelöst worden. Ins Belvedere, wo sie immer gespielt hatten, durften die Kinder nicht mehr. Das war »für Juden verboten«, also verbrachten Georg und seine Geschwister die meiste Zeit zu Hause.

Die Kinder standen nun »auf Wache« an dem schmalen ovalen Fenster, das vom Gang mit den vielen hohen Geschirrkästen direkt ins Stiegenhaus ging. Von dort aus konnten sie immer rechtzeitig sehen, wer die Treppe heraufkam, denn diese Vorsicht war nun lebensnotwendig geworden. Als einmal zwei Männer in schwarzen Ledermänteln, Lederstiefeln und Schlapphüten, dem Erkennungszeichen der Gestapo, die Treppe heraufkamen, schlug Georg Alarm. Sein Vater rasierte sich eben mit zwei anderen männlichen Wohnungsbenützern im Badezimmer. Alle drei sprangen auf das Zeichen von Georg zur Hintertür der Wohnung, der Vater erwischte noch rasch Georgs Kinderschlafmantel mit den blauen Teddybären, der ihm nur knapp bis zur Hüfte reichte. Für Georg ein grotesker Anblick. Die Männer rannten zum Hausmeister hinunter, der sie im Kohlenkeller versteckte.

In diesem Fall erwies sich der Alarm als falsch. Die wie die »Gestapo« Gekleideten läuteten an der Tür, gaben sich aber im Vorzimmer als Juden zu erkennen, die in dieser Tarnung bei ihresgleichen von Tür zu Tür gingen, um

Geld für ihre Reise nach Palästina zu sammeln. Auch das war in dieser Welt möglich.
Am 10. November 1938 stürmte aber eine Frau die Stiege herauf und läutete Sturm: »Gnade, wohnen hier Juden? Laßt mich herein, wir werden totgeschlagen auf der Straße.« Die Frau war an diesem Tag nach der »Reichskristallnacht« vor der amerikanischen Botschaft nebenan mit Hunderten anderen angestellt gewesen, um zu einem amerikanischen Einreisevisum zu gelangen. Plötzlich kamen Männer, die mit Peitschen auf die Wartenden einschlugen. Es waren Angehörige der SS, die dem Befehl nach für diese Aktion Zivilkleidung trugen, damit sie nicht schon von weitem erkannt wurden. Sie nahmen so viele Leute mit, wie sie erwischen konnten. Schwerverletzte blieben auf dem Pflaster liegen.
Von den Fenstern aus sah Georg noch eine andere Menschenschlange: die vor der anglikanischen Kirche. Viele katholische Länder, etwa Venezuela, ließen Flüchtlinge nur einwandern, wenn sie »liegend«, das heißt, als Säugling getauft waren. Dennoch versuchten viele Juden, »stehend« zu einer Taufe zu kommen, um so irgendwo Aufnahme zu finden. Doch fast die ganze christliche Welt hatte längst die Grenzen für Juden gesperrt.
Georg schlief jetzt nicht mehr mit seinem Bruder in einem Zimmer, dort war nun ein weiterer Cousin untergebracht, sondern mit seiner Schwester im Zimmer seiner Mutter. Eines Morgens, als es noch finster war, wachte er auf und sah eine dunkle Gestalt neben seinem Bett stehen. Die Mutter hielt ihm die Hände vor die Augen. »Schlaf weiter, Georg.« Aber Georg hörte genau, was der Mann zu seinem Vater sagte: »Ziehen Sie sich an, ein Koffer!« Sie holten den Vater zum zweitenmal ab. Georg und seine Mutter liefen auf den Balkon und sahen dem Vater nach, wie er zwischen zwei Gestapo-Männern Richtung Reisnerstraße geführt wurde, als wäre er ein Schwerverbrecher.

Diesmal war der Haftgrund schon schwerwiegender: Steuerhinterziehung. Eine Anklage, die man gegen jeden reichen Mann leicht erheben konnte. Diesmal hatte die Anzeige Fabriksdirektor Köberl gemacht, der Mann, der noch zur Bar-Mizwa-Feier zum Freundeskreis der Familie zählte.

Täglich kam nun der Anruf, der die Familie einschüchtern sollte: »Morgen kommt die Urne aus Dachau.« Es ist auch tatsächlich geschehen, daß die Asche verbrannter KZ-Häftlinge an deren Verwandte geschickt worden ist. Georgs Vater war aber nicht in Dachau, sondern im Wiener Landesgericht.

Der Vater befreite sich mit einem Trick aus dem Gefängnis. Er versprach, fehlende Papiere aus der Schweiz zu besorgen, wurde freigelassen und verschwand. Seine Familie hatte ihn nicht mehr gesehen und wußte nicht, wo er sich aufhielt. Immer wieder kamen Anrufe von Fritsch, dem kommissarischen Verwalter, der der verlängerte Arm der Gestapo war. »Ist Ihr Mann mit den Papieren schon aus der Schweiz zurück?« In Wirklichkeit war der Vater nach Ungarn geflüchtet und wartete darauf, daß auch seine Familie ausreisen konnte.

Georgs Mutter hatte mittlerweile die Wohnungseinrichtung verkauft. Weit unter dem Wert der Anschaffung. Jetzt ging sie daran, Hausrat und Möbel in Kisten zu verpacken und für den Abtransport vorzubereiten. Drei Gestapo-Männer standen in den Zimmern herum, um zu kontrollieren, daß kein wertvolles Bild, kein Silber oder Schmuck mitgenommen wurden. Georg erinnert sich, daß einer sogar ein dickes Lexikon Seite um Seite umblätterte, um zu sehen, ob darin keine verbotene Mitteilung verborgen war. Verfemte Bücher und gefährliche Briefe hatten die Mutter und Thomas schon in den Nächten vorher im Kamin verbrannt und die Asche dann ins Klo geschüttet. Darunter Werfels Roman »Die vierzig Tage des Musa

Dagh«, der die Vernichtung der armenischen Christen behandelt. Thomas hatte dieses Buch zu seiner Bar-Mizwa-Feier geschenkt erhalten und nach dem Anschluß zu seinem Vater gesagt: »Siehst du, jetzt sind wir die Armenier des Dritten Reiches.«
Für Georg waren die Tage der Wohnungsauflösung aber nicht ganz ohne Spaß! Endlich durfte er mit seinem Roller über die kostbaren Seidenteppiche des großen Salons rasen, selbst wenn er dabei an die vergoldete Gipsstukkatur der Wandverzierung oder an die mit Gobelinstickerei ausgestatteten Polstermöbel anstieß, war dies nun, da ohnehin alles verloren war, ohne Belang. Und das Abnehmen des monströsen maria-theresianischen Lusters, der dabei hin und her schwang und funkelte und glitzerte, wurde von Georg mit Spannung verfolgt. Auch dieses Prachtstück wurde ihnen abgekauft, weit unter dem Wert. Endlich kam ein Anruf vom Vater aus Ungarn: »Ich hatte einen Traum, daß ihr alle geholt werdet. Laß die restlichen Möbel, fahrt sofort nach Brünn, dort werden wir uns treffen.« Die Mutter, die in »Friedenszeiten« immer nur repräsentiert und die Arbeit anderer beaufsichtigt hatte, war nun seit kurzem der zielstrebige Chef der Familie geworden. Die Kisten waren verpackt und abgeholt, auch Frau Chaimowicz wollte mit den Kindern fort. Da kam die Köchin, die sich als »Obernazisse« entpuppte: »Sie schulden mir noch tausend Reichsmark.« Und der Hausbesitzer kreuzte auf: »Hier fehlt ein Stück Parkett im Fußboden, das müssen Sie mir ersetzen. Tausend Reichsmark, oder ich gehe zur Kreisleitung.«
Ein Freund führte die Mutter und die Geschwister zum Nordbahnhof. Sie stiegen in den Zug, fuhren ab. In dem Moment, als sie die Grenze zwischen der Ostmark und Mähren passierten, läutete in der Wohnung der Jaurèsgasse das Telefon. Nur noch Tante Mina, Mutters Schwester, war anwesend.

»Ist die Jüdin Chaimowicz da?«
»Nein.«
»Wo ist sie?«
»In der Stadt.«
»Wann kommt sie?«
»Gegen sieben Uhr.«
»Wer spricht dort?«
»Die Köchin.«
Die Tante legte auf, zog den Mantel an und ging. Kurz danach stürmten SS-Männer die Wohnung, um Frau und Kinder Chaimowicz zu fassen, wenn sie schon nicht des Mannes habhaft werden konnten.
In Brünn, wo Mutter und Kinder mit dem Vater zusammentrafen, der aus Ungarn angereist war, wohnten sie im »Grand Hotel«. Auch eine achtzigjährige Tante war da, die immer sagte: »Warum soll mich denn der Herr Hitler fangen? Ich bin ja eine alte Frau!« Sie wurde ins KZ Theresienstadt gebracht.
Im »Grand Hotel« herrschte Chaos und Angst unter den Flüchtlingen. Auch die Familie Chaimowicz mußte ihre Weiterreise organisieren. Von Wien aus hatte die Mutter mit Onkel Joschi in Kolumbien korrespondiert. Onkel Joschi war vor vielen Jahren auf Wunsch seines Bruders, Georgs Vater, nach Kolumbien gereist, um für den Textilfabrikanten dort eventuell neue Märkte zu erschließen. Onkel Joschi war drüben geblieben und hatte geheiratet. Nun hatte er der Mutter Einreisevisa für sein Land besorgt. Flug- und Schiffskarten wurden vom kommissarischen Verwalter des Chaimowicz-Vermögens gekauft. Doch ansonsten war der von Onkel Joschi erwartete Millionär bettelarm. Die Häuser in Berlin, die Fabrikstraße in Erlach, die Wollwarenfabrik in Korneuburg, die tschechischen Fabriken, nichts mehr gehörte ihm, nur ein wenig Bargeld hatte er in der Tasche. Und jetzt mußten Bahnkarten nach Amsterdam besorgt werden, denn die Flugtik-

kets waren durch den überstürzten Aufbruch von Wien nach Brünn ungültig geworden.

Der Vater wollte eigentlich nicht nach Kolumbien, sondern nach Neuseeland auswandern, weil es dort Wolle gab und er nach wie vor glaubte, noch einmal ein Textilimperium aufbauen zu können. Immer wenn er ein wenig Geld in der Tasche hatte, bekam er seine unternehmerischen Höhenflüge. Nur die Mutter war entschlossen: »Wir bleiben zusammen, oder wir fahren überhaupt nicht«, war ihr eiserner Wille.

Georg war, wenn er nicht eben krank war, kein einfaches Kind. Das Warten im Hotel war ihm langweilig. Er sah sich auf eigene Faust Brünn an, durchstreifte das moderne Kaufhaus »Barta«, spazierte in den Straßen herum. Dann aber tauchte hinter ihm ein deutschsprachiger Trupp auf, lauthals das »Horst-Wessel-Lied« singend und unter anderem auch: »Heute gehört uns Deutschland und morgen die ganze Welt.« Georg lief ins Hotel zurück.

Natürlich gab es Strafe und Hausarrest. Jetzt aber war es der Lift, der Georgs Interesse fesselte. Dieser Lift wurde von außen bedient, so daß Georg den Aufzug von überall herholen konnte. Die Gäste hatten das nicht sehr geschätzt.

Georg zeichnete auch wieder. Die Züge vom nahen Bahnhof, aber auch schon Nazisymbole, Hakenkreuzträger und sonstige Zeichen an der Wand einer braun gewordenen Zeit.

Von Brünn übersiedelte die Familie nach Prag. Am 14. März 1939 stiegen sie dort ausgerechnet in dem Hotel ab, das noch in derselben Nacht zum Hauptquartier der Gestapo wurde. Die Deutsche Wehrmacht war in der Nacht einmarschiert, am Morgen brachte ein weinendes tschechisches Zimmermädchen das Frühstück. Aus den Fenstern hing eine lange Hakenkreuzfahne. Die Feinde waren der Familie Chaimowicz allzu nahe. Sie konnten entwischen. Am Stadtrand fanden sie ein kleines Hotel, wo sie bleiben konnten, bis die Ausreisepapiere beisammen waren. Ihr Schiff von Amsterdam ging erst im Mai, und ihre Einreisegenehmigung nach Holland galt erst zwei Wochen vor der Abfahrt des Schiffes.

In Prag riß Georg nie aus. Wenn die Familie auf die Straße mußte, dann ging er als der Kleinste mit Blick in die Torbögen und Hauseinfahrten voraus. Auf die Schuhspitzen, die hervorlugten, kam es an. Waren welche zu sehen, mußte die mit Abstand folgende Familie sofort die Richtung ändern. Überall lauerten Nazi-Spitzel und Judenfänger.

Dann kam der Tag der Abreise. Der Zug, der sie nach Holland bringen sollte, fuhr mit einer Stunde Verspätung im Bahnhof ein. Das sollte, wie sich später herausstellte, schreckliche Folgen haben. Die Chaimowicz' bestiegen den Zug, der bereits eine »Deutsche Reichsbahn« war. Die Tschechoslowakei existierte ja nicht mehr, war jetzt das »Protektorat Böhmen und Mähren«. Endlich saßen sie in einem Abteil, die Buben schauten auf die Wand über ihnen, da waren kleine Ansichten von deutschen Städten. Georg fing an, schallend zu lachen. Auf einem Bild stand: Pforzheim. Für ihn und seinen Bruder war das der Anlaß, sich darauf etwas Ordinäres zu reimen, wie es auch heute Kinder tun. Der Unterschied ist nur, daß es damals lebensgefährlich war, über »Pforzheim« zu lachen. Die Eltern hatten Mühe, den Kindern die Heiterkeit zu verbieten.

In Leipzig hätten sie umsteigen müssen. Durch die Verspätung ihres Zuges war der Anschlußzug aber bereits weg, so daß sie in Leipzig übernachten mußten. Aber wo? Zu Hotels hatten Juden im Deutschen Reich keinen Zutritt. Sie mußten sitzend im Judenabteil des Bahnhofsrestaurants übernachten. Der Ober kam über die Absperrung zu ihnen und fragte nach ihren Essenswünschen. Er empfahl »Ochsenschwanzsuppe«. Die Kinder lachten schon wieder, weil sie von dieser Spezialität noch nie gehört hatten. Zwei Amerikaner, die ebenfalls den Zug versäumt hatten, begannen laut auf Hitler und die »Zustände« zu schimpfen. Die Mutter ersuchte sie flehentlich, das Fluchen zu lassen, sie würden sonst alle »drankommen«. Die Amerikaner konnten diese Unfreiheit und Angst nicht verstehen.

Am nächsten Morgen wuschen sie sich in den Aborten. In die Waschräume durften sie nicht. Ein Leipziger, ein großer Mann, sagte irgend etwas zum kleinen Georg, das er aber wegen des Dialektes nicht verstand.

»Pardon?« fragte Georg zurück. Der Leipziger schrie wieder etwas Unverständliches.

»Pardon?« erkundigte sich der wohlerzogene Georg. Am Ton hatte er natürlich längst erkannt, daß der Leipziger ihm eine Gemeinheit zurief, etwa: »Ein Scheißjud bischt!«

Georg: »Pardon?«

Schon standen einige Männer um ihn herum, denn Georgs lächelndes »Pardon?« verriet seinen provokanten Widerstand. Doch dann ließen sie ab von ihm: »Der Kleine lacht uns ja ins Gesicht, dem tun wir nichts.«

Im Zug fanden sie Platz neben einem Juden aus Holland. Sie sahen den ersten deutschen Militärzug vorbeirollen, überquerten zum erstenmal eine deutsche Autobahn, jenes Wunderwerk des modernen Straßenbaus, das auch heute noch als großartige Aufbauleistung Adolf Hitlers gerühmt wird. Die Kinder waren von allem beeindruckt und vergnügt. Plötzlich wurde Georg übel. Er hatte Fieber.

An der holländischen Grenze betraten deutsche Zollbeamte das Abteil. »Was haben Sie da?«

»Nur unsere Sachen.«

»Sie müssen aussteigen.«

Die Mutter bat: »Schauen Sie doch, das Kind ist krank, lassen Sie doch wenigstens den Buben drinnen!«

»Nein, Sie müssen alle aussteigen!«
Der Vater hob die schweren Koffer auf einen hohen Tisch am Bahnsteig. Ein Zollbeamter öffnete sie und leerte ihren Inhalt auf einen Haufen.
Die Mutter legte Georg auf eine Bahnhofsbank. Der Zugführer gab das Zeichen zur Weiterfahrt. »Lassen Sie uns doch einpacken und in den Zug steigen«, flehte die Mutter. Der Deutsche: »Sie werden den nächsten nehmen.«
Georg mußte sich erbrechen. Er schleppte sich hinter den Bahnhof zu einem Baum. Dabei sahen ihn einige Hitlerjungen und warfen mit Steinen nach ihm. Mühsam schleppte sich Georg auf die Bank im Bahnhof zurück.
Wieder kamen zwei Beamte. »Darf ich die Papiere sehen?« Diesmal war es die holländische Grenzpolizei, aber noch auf deutschem Boden. Sie sahen das kranke Kind, die verzweifelten Eltern und sagten: »Geht in Ordnung, Sie können den nächsten Zug nehmen«, obwohl die Einreisevisa noch nicht gültig waren.
Es war Nacht, als sie in Amsterdam ankamen. Auf dem Bahnsteig erlebte Georg seinen Vater, wie er ihn noch nie im Leben gesehen hatte. Er tobte wie ein Irrer: »Diese Verbrecher, diese Schweine, diese Verbrecher, diese Schweine!« Er meinte die Herrenrasse der Deutschen. In Wien und während der Fahrt hätte ihn ein solcher Gefühlsausbruch das Leben gekostet. Dem Bahnhofsvorstand, der ihnen die Koffer aus dem Zug heben half, wollte der Vater eine Mark Trinkgeld geben.
»Sie werden das dringender brauchen als ich«, sagte ihm daraufhin der Mann. Er hatte recht. Sie hatten ja nur zehn Mark ausführen dürfen.
In einem billigen Hotel nahmen sie ein Zimmer mit drei Betten. Georg schlief im Doppelbett bei den Eltern, Schwester und Bruder Thomas im Zusatzbett. In der Nacht fertigte Georg eine Zeichnung auf einem Karton an, die er heute noch besitzt und die immer wieder in sei-

nen Ausstellungen und Katalogen zu sehen ist: Das Gesicht von Hitler, das er mit der Spitze des Bleistifts durchbohrte.

Die jüdische Gemeinde schickte einen Arzt ins Hotel, der bei Georg eine Rippenfellentzündung feststellte. Die hatte sich Georg in der Nacht in Leipzig geholt, wo sie in der zugigen Halle übernachteten.

Dann geschah ein Wunder. Ein SS-Mann brachte dem Vater Geld von einem seiner geheim verkauften Häuser in Berlin. Natürlich war der Betrag weit unter dem wahren Wert des Hauses, aber immerhin! Sie konnten es alle kaum fassen. Es war genug Geld, daß sie in eine bessere Pension übersiedeln konnten. Ein weiteres Wunder geschah: In dieser Pension wohnte ein Primararzt, ein Flüchtling aus Berlin, der den Buben mit heißen, fast siedenden »Ölflecken« heilte.

Danach konnte Georg wieder ausgehen. Mit einer Salzburgerin, die in der Pension als Stubenmädchen arbeitete, gingen sie spazieren. Bis zum Flughafen kamen sie, wo sie sehen konnten, wie die Holländer sich bereits für Luftgefechte vorbereiteten. Auch an den Ärmelkanal fuhren sie mit dem Bus, bis in die Gebiete der berühmten Kurstrände. Die waren jetzt aber schon ein einziger Schützengraben. Die ganze Promenade entlang waren Gräben ausgehoben, standen viele Geschütze. Sämtliche Kurhotels waren geräumt, aus den Fenstern ragten Maschinengewehre. Hier begann man mit Befestigungsarbeiten, die aber dann, nach der Besetzung Hollands, nur den Deutschen nützten, weil sie eine Landung der Engländer an der Küste erschwert hätten.

Aber der Krieg hatte im April 1939, als die Familie Chaimowicz in Amsterdam war, noch nicht begonnen. Der Vater hatte noch hochtrabende Pläne. Irgendwie hatte er ausfindig gemacht, daß es in Paris Textilmaschinen zu kaufen gäbe. Er beschloß, diese Maschinen zu kaufen und

sie nach Kolumbien mitzunehmen. Er konnte seinen Traum von einem Neubeginn als Unternehmer nicht aufgeben. Die Mutter sah darin nur eine »Schnapsidee«. Aber der Vater trennte sich von ihnen, fuhr nach Paris und wollte mit dem nächsten Schiff nachkommen. Die Mutter fuhr inzwischen mit den drei Kindern auf der »Colombia« nach Südamerika.
Die Route führte über Madeira, Barbados, Trinidad, Curaçao, Santa Marta bis Barranquilla an der Mündung des Río Magdalena und dauerte drei Wochen. Die Reise war wunderschön, ein viel interessanterer Geographieunterricht als in der Schule. Georg hatte noch in Wien davon geträumt, von Kolumbien aus mit dem Pferd nach Argentinien zu reiten, in das Land, das seiner Kusine Susi ein Visum ausgestellt hatte. Auf dem Weg dorthin würde er Papageien, herrliche tropische Blumen sehen.
Viel später erfuhr er, daß Susi und ihre Mutter 1941 in Toulouse, auf dem Weg nach Marseille, geschnappt und nach Auschwitz verschleppt worden waren.
In Barranquilla wartete am Kai schon Onkel Joschi. Georg sah mit Verwunderung, daß dieser ältliche Herr trotz jahrzehntelangem Aufenthalt in den Tropen seine wienerische Höflichkeit nicht abgelegt hatte. Er streckte der Schwägerin die Arme entgegen und hauchte: »Unverändert.«
Dann erhielten sie ersten Unterricht im Emigranten-Know-How: Am Platz standen zwei Hotels, ein großes, teures und ein kleines, schäbiges.
Der Onkel: »Wir werden im kleinen wohnen, uns aber im großen aufhalten.« Georg hielt dies für Angeberei, der Onkel aber erklärte: »Wer in Kolumbien leben will, muß Geld haben. Hat er keines, muß er so tun, als ob.«
Der Onkel war noch immer in dem Glauben, daß er seinen reichen Bruder nach Kolumbien herüberholte. Er selbst hatte sich, um in diesem katholischen Land akzep-

tiert zu werden, schon lange taufen lassen, war mit einer streng katholischen Kolumbianerin verheiratet, rang um Ansehen und hätte es um nichts in der Welt seinen Verwandten aus Wien verziehen, wenn sie als arme Schlucker gekommen wären. Zu seiner Beruhigung hieß es aber, der Vater folge mit Textilmaschinen.

Am dritten Tag in Kolumbien wurde Georg zehn Jahre alt. Es war Juni 1939. Nach acht Tagen schifften sie sich zur Weiterfahrt auf dem endlos langen braunen Río Magdalena ein. Doch noch bevor das Schiff richtig in Fahrt war, bekam Georg wieder seine 40 Grad Fieber. Die Mutter hatte alle Hände voll mit Wickeln zu tun. Das Fieber kletterte hinunter, am nächsten Tag aber wieder hinauf.

Die Flußreise dauerte acht Tage. Als sie an der Bahnstation ankamen, schwebte Georg wieder einmal in Lebensgefahr. Es gab keinen Arzt, keine Medikamente. Onkel Joschi tröstete seine Verwandten: »Wir fahren jetzt in das Karlsbad Kolumbiens, nach Utica, meine Schwiegereltern haben dort ein Hotel.« Und zur Mutter: »Bitte sagt ja nicht, daß ihr arm seid!« Georg fühlte sich weiterverfrachtet.

Die Familie von Onkel Joschi hieß die »Millionärsgäste aus Wien« herzlich willkommen. Das Hotel war ein einstöckiger Atriumbau mit vielen grünen und blühenden Pflanzen, aber auch mit Moskitos und Schaben. Georg ging es in dem höher gelegenen Ort besser, er schloß Freundschaft mit dem Sohn Onkel Joschis, Bernhard, und erholte sich bald gänzlich. Dann reisten sie in das Haus des Onkels in Bogotá, der Hauptstadt Kolumbiens.

Eines Tages ging Georg die Treppe in den ersten Stock hinauf, als oben aus dem Radio der Donauwalzer erklang. Georg mußte sich am Geländer festhalten. In den letzten Monaten hatten Flucht, Gehetztsein, Fieber und Plage sein Leben beherrscht. Jetzt aber brachten die aus dem Radio heranwogenden Wellen des Donauwalzers alles zurück, was er für immer verloren hatte: die Wohnung, die Jaurèsgasse, das Belvedere, Wien, die ganze Heimat. Ihm wurde das Heimweh bewußt, die Verlorenheit in einem fremden Land, dessen Sprache er nicht verstand. Dem Buben nahm es den Atem. Der Schweiß brach ihm aus. Er weinte nicht, war aber von einem inneren Schmerz vollkommen betäubt.

Bald danach begannen auch schon die Streitigkeiten mit dem Onkel, als er hörte, daß doch kein Geld da war. Die Mutter zog mit den Kindern in ein freigewordenes Reihenhaus neben dem des Onkels. Der Vater war noch immer nicht nachgekommen, doch die Kisten aus Wien trafen ein: Aus den Brettern wurden »Emigrantenmöbel« gezimmert: Tische, Stühle und Regale. Sie begannen sich einzurichten. Die ersten Hausierer – gleichfalls Flüchtlinge – kamen mit Koffern voll Butter und Graubrot, das sie zuvor von landwirtschaftlichen Pächtern – gleichfalls Einwanderer aus Europa – geholt hatten.

Georg lernte Heinz Wohlgemut, den Sohn Hamburger Einwanderer kennen, der bereits in eine kolumbianische Schule ging. Georg kam auch in diese Schule. Zu spät mußte er erkennen, daß es sich um eine Militärschule handelte. Georg mußte mit den Kameraden marschieren, in Dreierreihen, in Sechserreihen, in Achterreihen, alles im Gleichschritt. Auf Kommando mußte er in hockender Stellung, mit den Knien bis zum Kinn, laufen. Durch hohes Gras. Immer in Formation. Auch in die Berge zogen die Schüler. Offiziell hieß das »Naturgeschichte«. In Wirklichkeit war es schon ein richtiges Überlebenstraining. Sie lebten von Knollen und Wurzeln.

Georg mußte täglich sieben Kilometer zu Fuß in diese Schule gehen. Straßenbahngeld gab es keines. »Willst du lieber mit der Straßenbahn fahren, oder sollen wir das Geld zurücklegen, damit wir Großmutter aus Wien herausholen können?« hieß es. Er ging also zu Fuß.

Eines Tages waren die Strapazen für den kränklichen Buben zuviel.
Auf dem langen Heimweg wurde ihm schlecht. Er schleppte sich die Hauswände entlang weiter. Vor seinem Haus war ein Gitter, das er hätte hinaufklettern müssen, um die Glocke zu erreichen, die für ihn viel zu hoch war. Das schaffte er nicht mehr. Mit den Händen im Gitter hängend, fand ihn eine Nachbarin. Fieber und immer wieder Fieber. Ein kolumbianischer Arzt vermutete Malaria, was aber nicht stimmte. Keiner erkannte, daß Georg einen schweren Herzklappenfehler hatte. Das erfuhr er viel später. Aber nun mußte er nicht mehr in die Militärschule gehen. Als er wieder gesund war, trat er als jüngster Schüler in die »Escuela dellas Artes de la Universidad Nacionál« ein, wo er in Zeichnen und Malen unterrichtet wurde.
Inzwischen war der Vater aus Europa angekommen – ohne Maschinen. Er hatte sie zwar gekauft, sie waren aber noch auf dem Weg von Paris nach Antwerpen.
Georg sah sich gerne die Comics auf den letzten Seiten der Zeitungen an: Mickymaus, Tarzan und so weiter. Eines Tages fragte ihn seine siebzehnjährige Schwester, warum er sich denn immer nur diesen Blödsinn anschaue, ob er nicht die Schlagzeile gelesen hätte. Verdutzt schaute Georg auf die Titelseite: »Hitler besetzt Frankreich, Belgien und Holland«. Aus war es mit den Maschinen des Vaters. Nie sind sie nach Kolumbien nachgekommen.
Zu diesem Zeitpunkt hatte der unermüdliche Unternehmer Chaimowicz von der kolumbianischen Regierung über eine Reihe von Mittelsmännern den Auftrag erhalten, 5 000 Pullover für das Militär zu liefern. Der Auftrag war da, aber keine Maschinen. Der Vater ließ sich nicht unterkriegen. Er mietete einen Arbeiter mit einer Handstrickmaschine. Die zweite Maschine war die Nähmaschine der Mutter. Und die dritte Maschine war ein Fahrrad, das ein Ingenieur namens Bauer zu einer Garnwickelmaschine umbaute.

Die Mutter saß an der Nähmaschine, der Arbeiter abwechselnd mit dem Vater an der Strickmaschine, Ingenieur Bauer am Spulrad, das den Weg im Vorraum verstellte. Die Tochter kochte, die Söhne gingen zur Schule. Die 5 000 Pullover konnten geliefert werden.
Die Haupteinnahme der Zeit waren aber dennoch nicht Vaters Unternehmungen, von denen nach Abzug der Investitionen meist nicht viel übrig blieb. Die Mutter, die Dame, die in Wien nicht einmal richtig kochen konnte, rettete die Familie mit ihrer Kraft über die schweren Zeiten hinweg, obwohl sie nicht nur einmal am Zusammenbrechen war. Gemeinsam mit Dita begann sie, Wiener Kuchenspezialitäten zu backen und zu verkaufen. (Alle Emigranten haben damals irgend etwas gemacht und verkauft: Möbel aus Kisten, Pölster und Kleider aus mitgebrachten Vorhängen.) Die Mutter und Dita buken kleine Kuchen, Torten, süße Würste mit Aranzinifülle, die in Scheiben geschnitten wurden. Auch Georg half beim Kneten und Füllen. Die Kuchen fanden reißenden Absatz. Die Belastung war aber so groß, daß die Mutter das Geld, das sie verdienten, bald zum Arzt tragen mußte. Dennoch schuftete sie Tag und Nacht weiter.
Dann brachte eine Nachbarin sie auf die Idee, doch mit dem mitgebrachten Porzellan und Besteck, den Vasen und Krügen einen »Antiquitätenhandel« zu beginnen. Auch das besorgte die Mutter. Im Frühjahr 1939 hatte sie die kostbaren Sachen mit den optimistischen Worten: »Damit wir drüben repräsentativ beginnen können«, unter den Augen der Gestapo in Speditionskisten eingepackt. In Kolumbien haben die Gegenstände neben den sonstigen mühevoll zusammengetragenen Einnahmen gerade dazu gereicht, sie alle fünf halbwegs über die Runden zu bringen. Später kam Georg sein zeichnerisches Talent zugute. Mit zwölf Jahren verdiente er sein eigenes Geld, indem er Gläser und Services mit Blumenmustern bemalte.

Georg blieb nicht auf der Kunstakademie. Er ging in das Gymnasium der Ordensbrüder der »Maristen«, da er neben den musischen auch noch in anderen Fächern unterrichtet werden sollte. In diesem Gymnasium mußte er auch in den katholischen Religionsstunden bleiben, wo er nun sogar als »Gottesmörder« beschimpft wurde. Die Strafpredigt einiger seiner Lehrer, wenn Georg unaufmerksam war: »Kein Wunder, daß die Juden heute so verfolgt werden und nicht mehr zur Ruhe kommen können.« Schon Jesus habe doch am Kreuz gesagt, mein Blut solle über sie fallen.

Als sich Stefan Zweig in Brasilien umbrachte, mußte Georg hören: »Man sieht ja, was das Judentum wert ist, wenn sich einer seiner großen Vertreter umbringt.« Wenn Georg sich gegen diese Reden wehrte, wurde er von seinen Mitschülern zusammengeschlagen.

Widerwärtiges stand eng neben Erfreulichem.

Auch der Großmutter konnten sie noch Geld und Visum für eine Reise nach Kolumbien schicken. Das war mitten im Krieg. Die Großmutter mußte schon den Judenstern tragen. Sie war 70 Jahre alt und wurde in einem plombierten Zug nach Paris gebracht. Von dort ging es ohne Nahrung bis Spanien und Portugal, wo sie auf ein klappriges Schiff verfrachtet wurde, das langsam nach Kuba schaukelte. Dort kam sie in ein Internierungslager. Wieder mußten Vater und Mutter in Kolumbien Behörden bestechen, damit die Großmutter weiterfahren konnte. In einem verblichenen Mantel kam die alte Frau nach einer langen Odyssee bei ihnen an. Nur die Stelle, wo der Stern aufgenäht gewesen war, war noch schwarz.

Georg Chaimowicz ist 1949 nach Wien zurückgekehrt, hat die Akademie der bildenden Künste besucht und ist Maler geworden. Auch seine Eltern sind zurückgekommen und ha-

ben einen Bruchteil ihres Vermögens und ihrer Anlagen zurückerhalten. In Erlach hat der Vater noch einmal versucht, eine Wollfabrik aufzubauen. Schwester Edith hat noch in Kolumbien einen Emigranten geheiratet und ist mit ihm nach Wien übersiedelt. Auch Bruder Thomas ist nach Österreich zurückgekommen, er hat heute an der Universität Salzburg einen Lehrauftrag für Geschichte.

Warum Georg nach all dem, was man ihm hier angetan hat, zurückgekehrt ist?

»Ich will ein Beispiel sein, daß es ihnen nicht gelungen ist, uns zu vernichten«, ist seine Antwort. Er steht in seinem sechzigsten Lebensjahr, sein Herzklappenfehler wurde behandelt und ist heute verheilt. Trotz seines Alters ist er zur Stelle, wenn es gilt, gegen Neonazis zu protestieren und ihnen die faschistischen Flugzettel aus der Hand zu reißen. Deswegen ist Georg Chaimowicz aber kein »Rächer«. Der große österreichische Patriot und Katholik Rudolf Henz war sein Schwiegervater. Die beiden waren, solange Henz lebte, so etwas wie zwei große versöhnte »Dennoch-Brüder«.

PAUL LIECHTENSTERN, 16 Jahre
Vater: Zivilingenieur
1938 allein nach Palästina

Ein Kamel, das wie ein Wiener Kaffeehaus heißt

Wo sich in Wien an der Ringstraße der erste und der dritte Bezirk treffen, liegt der Dr.-Karl-Lueger-Platz. Mitten auf diesem Platz steht gußeisern und überlebensgroß das Denkmal Dr. Karl Luegers, des Schöpfers der Christlichsozialen Bewegung und Bürgermeisters von Wien in den Jahren 1897–1910.
Im Jahr 1987 hat eine sozialistische Jugendbewegung den Antrag gestellt, diesen Karl-Lueger-Platz in Sigmund-Freud-Platz umzubenennen. Es wäre doch ein Anlaß, hieß es, im Hinblick auf das Erinnerungsjahr 1988, in dem 50 Jahre nach 1938 an die brutalen nationalsozialistischen Judenverfolgungen gedacht werden soll, Zeichen zu setzen. Eines dieser Zeichen, so meinte die sozialistische Jugend, könnte darin bestehen, Sigmund Freud ein Denkmal zu errichten. Denn der Vater der Psychoanalyse, Wegbereiter der wissenschaftlichen Traumdeutung, weltweit allererster Therapeut der Seele, der jüdische Wiener Arzt Sigmund Freud, hat in Wien – außer einem kleinen Museum in seiner Wohnung und einem Gedenkstein vor der Votivkirche – noch kein gebührendes Denkmal.
Es wäre doch nur fair, war die Argumentation, diesem großen Wiener Wissenschaftler in später Gerechtigkeit ein Standbild zu errichten, zum Beispiel anstelle der Statue des großen antisemitischen Lokalpolitikers Lueger.

Dr. Karl Lueger war in der Tat 40 Jahre vor Adolf Hitler einer der ersten Österreicher, der durch geschicktes demagogisches Schüren antisemitischer Gefühle an die Macht gelangte. Antisemitismus als verbale Kampfansage gegen »Juden« und »Judenstämmlinge« war Teil seines volkstümlichen, christlichsozialen Erfolgskurses. Seinen antijüdischen Parolen, Flugschriften und Machenschaften, die heute in jedem objektiven Geschichtsbuch nachzulesen sind, war das Aufflammen der speziellen Wiener Judenfeindlichkeit mitzuverdanken, das auch Adolf Hitler bei seinem ersten Aufenthalt in Wien 1907–1913 miterlebte und als »einzige Möglichkeit, zu einem judenreinen, allgemein deutschen Wien zu kommen«, ansah.
Als Hitler im März 1938 diese »Judensäuberung« auch in Österreich in die Tat umsetzen konnte, war es neben zahlreichen Nobelpreisträgern, Ärzten, Gelehrten, Schriftstellern auch Sigmund Freud, der, greis und schwer an Mundhöhlenkrebs leidend, in seinem zweiundachtzigsten Lebensjahr mit Familie und gesamtem Hausstand seine Heimatstadt verlassen mußte, nachdem seine Tochter Anna einen Tag lang von der »Gestapo« verhört worden war. Seine Schriften über Träume, Es, Ich und Über-Ich, Sexualität, Triebe und Verdrängungen galten den wissenschaftsfeindlichen Nationalsozialisten als besonders »undeutsch«, »jüdisch« und »zersetzend«. Freuds Werke loderten bei den Bücherverbrennungen der nationalsozialistischen Zeit in Österreich am hellsten.
Freud konnte sich und die Seinen nach London retten, wo ihn ein Kreis von Verehrern gastfreundlich aufnahm. Der Teil Londons, in dem sie sich niederließen, war das nördlich der St. John's Wood gelegene »Swiss Cottage«, das in den dreißiger Jahren zum Zufluchtsort einer großen Anzahl von jüdischen Einwanderern aus dem Deutschen Reich wurde. Freud starb dort im Jahr 1939.
In diesem »Swiss Cottage« steht ein Sigmund-Freud-

Denkmal. Es befindet sich zwischen der gleichnamigen U-Bahn-Station »Swiss Cottage« und dem »Swiss-Cottage-Hotel«, auf der Rasenfläche neben der großen Bibliothek dieses Stadtviertels.
Als ich im November 1987 als Journalistin an einem Kongreß teilnahm, brachte mich die Kongreßleitung in diesem »Swiss-Cottage-Hotel« unter. Damals wußte ich nicht, daß ich mich sozusagen mitten im »Emigrantenzentrum« von einst befand. Paul Lynton, den ich damals für dieses Buch interviewte, erzählte mir erst diese Begebenheiten und dann seine eigene Geschichte.
Die Klammer zwischen dem Wiener Karl-Lueger-Platz und dem von Emigranten zu einem vornehmen Bezirk mitaufgebauten Londoner Stadtviertel Swiss Cottage, in dessen Nähe Paul Lynton wohnt, ist ein Kamel. Ein häßliches, bronzenes Gebilde, so schwer und so groß wie ein kleines Kind. Die Wanderschaft dieses Kamels von Wien über New York nach London bezeichnet einige wenige Stationen des Exodus der Wiener Familie Liechtenstern und wurde metallener Zeuge ihrer wirren Wege ins Exil.
Zuerst reicht mir Paul Lynton, heute ein eleganter Herr im Ruhestand, die Fotografie seines Großvaters mütterlicherseits: Friedrich Pollak. Ich sehe einen großbürgerlichen Herrn aus dem Wien der Jahrhundertwende mit elegantem Gehrock und einem Prophetenbart wie Karl Lueger vor mir auf dem Bild. Die Person ist nicht nur gekleidet und in ihrem äußeren Gehaben ganz wie dieser selbstsichere Wiener Bürgerkaiser von damals, sie sieht ihm auch wirklich zum Verwechseln ähnlich. Paul Lynton kommentiert die Fotografie seines Großvaters mit den Worten: »Na, sieht doch aus wie dem Lueger sein Zwillingsbruder.«
Der Jude Pollak und der Christlichsoziale Lueger, beide Zeitgenossen von Kaiser Franz Joseph, waren zwar keine Brüder, mit Sicherheit aber Bekannte, wenn nicht sogar

»gute« Bekannte. Paul, dem Enkel, wurde von seiner Großmutter, der Ehefrau Friedrich Pollaks, wiederholt erzählt, daß sein Großvater mit Bürgermeister Lueger Karten gespielt hatte. Kann sein, daß Pauls Großvater, der Architekt und Stadtbaumeister von Wien, Friedrich Pollak, in jenen Bereich der Luegerschen Politik gehörte, den dieser mit seinem seltsam willkürlich und zynisch anmutenden Ausspruch umriß: »Wer a Jud is, bestimme ich.« Anzunehmen, daß Pauls Großvater zu den wenigen jüdischen Stammtischgesellen gehörte, die sogar der antisemitische Lueger für freundschaftswürdig hielt.
Friedrich Pollak, der »schöne Friedrich«, wie die Leute ihn nannten, war oft beim Kartenspiel in seinem Stammkaffee »Gartenbau« anzutreffen. Das war in der »Gründerzeit«. Die Stadtmauer, die das Wien einst gegen die herandrängenden Türken geschützt hatte, war auf Wunsch Kaiser Franz Josephs abgetragen worden, an ihrer Stelle und an der des breiten unbebauten Glacis wurden die Ringstraßenprachtbauten sowie zahlreiche patrizische Wohnpalais errichtet. Es war die große Zeit der Bauherren und Spekulanten. Der als Kleinkind mit Eltern und Geschwistern in der Mitte des vorigen Jahrhunderts in die Kaiserstadt eingewanderte Friedrich Pollak, der hier Architektur und Bauwesen studierte, war einer von vielen.
Er lebte auf großem Fuß, hatte Ehefrau und acht Kinder, besaß eine Villa in Döbling und eine große Wohnung im III. Bezirk in der Löwengasse, war geschäftstüchtig und ein angesehener Wiener Bürger. Hatte er keinen Bauherrn, so kaufte er selbst Grundstücke und bebaute sie, etwa den gesamten Rudolf-von-Alt-Platz am Ende der Löwengasse oder Areale entlang des Franz-Josefs-Kais am Donaukanal. Seine drei- bis vierstöckigen Bürgerhäuser mit den falschen Säulen, üppigen Außenstukkaturen und großzügig geschwungenen Stiegenaufgängen im Ge-

schmack der Zeit waren sehr gefragt. Er errichtete insgesamt 90 solcher Gründerzeitbauten in Wien. Nur wenige sind heute davon erhalten, eines aber mit Sicherheit: das monumental-stattliche Gebäude mit dem Café »Prückel« am Stubenring, Ecke Dr.-Karl-Lueger-Platz.
Als Friedrich Pollak dieses baute, war eine seiner wohlhabenden Phasen gerade wieder vorüber, in der er mit seiner vielköpfigen Familie dann immer repräsentativ in der Villa logierte. Hatte er eine Zeitlang keine Aufträge oder beim Kartenspielen Teile seines Vermögens verspielt, was immer wieder vorkam, so vermietete er die Villa in Döbling und lebte in der Löwengasse. Aus seinem jeweiligen Wohnort konnte jedermann ersehen, ob der »schöne Friedrich« gerade vermögend war oder pleite.
Es war damals üblich, daß die Gemahlin des Architekten vom Bauherrn zur Dachgleiche eines Rohbaues ein Geschenk erhielt. Herr Prückel, Cafetier und Bauherr des repräsentativen Eckhauses, schenkte der Gemahlin Friedrich Pollaks das bronzene Kamel, vielleicht ein traditionsreiches Symbol des Kaffeesiedergewerbes, dessen Handelsprodukt – der Kaffee eben – doch von den Türken auf dem Rücken dieser Wüstentiere nach Wien gebracht worden war.
Das schwere Kamel kam in den Salon in der Löwengasse, wo Paul, der Enkel Friedrich Pollaks, es schon als kleiner Bub sah. Er durfte, wie alle Kinder damals, in diesen Salon eigentlich nicht hinein, weil befürchtet wurde, er könnte das Porzellan oder sonstige Kostbarkeiten zertrümmern. Trotzdem schwindelte sich der Bub aber manchmal in diese geheimnisvolle Pracht hinein, in erster Linie einer orientalischen Tänzerin wegen, die in ein über und über mit Pailletten besticktes Rockgebilde eingehüllt war. Hob man diesen Rock auf, konnte man sehen, daß die Puppe darunter nichts anhatte – für den kleinen sittsamen Paul eine ebenso faszinierende wie erschütternde

Entdeckung. Und neben dieser Tänzerin, die wahrscheinlich ein anderes nutzloses Geschenk war, stand das Bronze-Kamel auf dem Kaminsims.
Als nächstes zeigt mir Paul Lynton in London das Bild seiner Mutter Else, wie sie als kleines Mädchen vor diesem Kamel sitzt. Pauls Mutter wurde im Jahr 1888 als mittlere der drei schönen Töchter im ansonsten mit fünf Söhnen reich gesegneten Familienhaushalt geboren.
Die jüngste der drei Töchter, Rosa, heiratete als erste. Den häßlichen, aber überaus tüchtigen Onkel Emil, wie Paul in selbstironischer Heiterkeit über seine Verwandtschaft erzählt. Onkel Emil war, wie alle männlichen Verwandten der Sippschaft, nach seiner einjährigen freiwilligen Militärzeit Ziviltechniker geworden. In Pauls Diktion lautet dies so: »Meine Familie war voll mit Unterleutnants und Ingenieuren.«
Onkel Emil wurde Direktor der in den Anfängen der Eisenbahnära gleichfalls aufblühenden »Internationalen Speise- und Schlafwagengesellschaft Wagons-Lits«. Dieses Unternehmen führte, obwohl der König von Belgien Hauptaktionär war, als französische Firma vornehm ausgestattete Speise- und Schlafwaggons im berühmten Orientexpreß von Le Havre über Paris, Wien, Budapest bis nach Konstantinopel und auf demselben Weg wieder zurück. Auch in die Literatur der Zeit sind diese Coupewagen als Nobelgefährt reicher Reisender des Fin de siècle eingegangen. In Paris, Wien und Budapest befanden sich die Reparaturwerkstätten für diese Waggons. Onkel Emil wurde Direktor der Fabrikniederlassung in Wien-Inzersdorf.
Der Verehrer der mittleren Tochter Else, Ernst Liechtenstern, war im Vergleich zum tüchtigen Schwager Emil ein Bettelstudent. Auch er studierte an der Technischen Hochschule, ließ seine Braut aber etwas länger auf die Gründung eines eigenen Hausstandes warten. Erst als die

Braut drohte: »Mein Herr, wenn Sie nicht sofort die Staatsprüfung machen, wird die Verlobung gelöst«, errang auch Bräutigam Ernst sein Diplom. Man schrieb das Jahr 1908. Es herrschte tiefer Friede.
Emil, sein Schwager in spe, verschaffte dem jungen Ingenieur eine Stellung bei der »Wagons-Lits«-Fabrik in Budapest. Dort wollte Ing. Ernst Liechtenstern sich eine kleine Existenz aufbauen, bevor er Else heiratete. Doch im August 1914 kam ihm der Ausbruch des Ersten Weltkrieges dazwischen. Ernst kam schnell für einen Tag nach Wien, heiratete Else und mußte am selben Tag noch in den Krieg ziehen. Ein Jahr später wurde Frau Ing. Else Liechtenstern vom Kriegsministerium eine Witwenpension zugesprochen.
Im Jahr 1916 erstattete Else diese Witwenpension aber wieder zurück, weil sie mittlerweile aus dem Feld eine verläßliche Mitteilung erhalten hatte, daß ihr Mann doch noch lebte. Paul Lynton zeigt mir dieses Dokument: Eine Fotografie als Postkarte, auf der Vorderseite sind drei fröhliche k. u. k. Oberleutnants in ihren feschen Uniformen zu sehen. Sie ließen sich in diesem »Gentleman-Krieg«, wie Paul kommentiert, in russischer Gefangenschaft fotografieren, Ernst und einige seiner Kameraden. Sie waren ihrer höheren Ränge wegen von den anderen Gefangenen gesondert in einem Raum untergebracht, der einem Casino ähnelte, und wurden auch besser behandelt. Auf der Rückseite stand in der schönen Handschrift des Ingenieurs: »An Frau Else Liechtenstern, Wien III., Löwengasse 29. Es geht mir gut, Grüße und Küsse, Dein Ernst.«
Genau 22 Jahre später erhielt Frau Ing. Else Liechtenstern an dieselbe Adresse eine ähnliche Postkarte geschickt, diesmal ohne fröhlich lachende Offiziere. Diese Postkarte kam, mit einer Reihe von Stempeln versehen, aus dem »Schutzhaft Lager Dachau«. Darauf steht: »Schutzhaft-

jude Ernst Liechtenstern. Mein liebes Elserl, mir geht es gut.« Diesmal war die Handschrift nicht mehr gestochen, sondern zittrig.

Doch zurück zum Ersten Weltkrieg. 1917 kam Ernst Liechtenstern aus der russischen Gefangenschaft zu Fuß nach Wien zurück und wurde hier zwar – weil er im Rang eines Offiziers gefangengenommen worden war – degradiert, mußte aber als Ingenieur zu den vor kurzem gegründeten k. u. k. Luftstreitkräften nach Wr. Neustadt, wo unter anderem noch schnell vor Kriegsende Hubschrauberkonstruktionen versucht wurden. Doch das hat Kaiser Karl, dem Nachfolger Kaiser Franz Josephs, auch nicht mehr geholfen, der Krieg war verloren.

Ernst Liechtenstern kehrte zu seiner »Wagons-Lits«-Fabrik in Budapest zurück und holte seine Frau nach einiger Zeit zu sich. 1922 kam Paul zur Welt, er sollte das einzige Kind seiner Eltern bleiben. Schon zwei Jahre später wurden sie von den Ungarn, die nunmehr in ihrem neugegründeten »Nationalstaat« keine Ausländer mehr dulden wollten, nach Wien zurückgeschickt, sie zogen 1924 zur Großmutter in die Löwengasse. Großvater Friedrich Pollak war mittlerweile gestorben, seine Kinderschar verheiratet und ausgeflogen. Ernst arbeitete von da an bei Schwager Emil in der Wiener Fabrik der französischen Speisewagengesellschaft. In der Löwengasse wuchs Paul, wie er selbst sagt, als »richtiger Wiener« heran, den er so beschreibt: »Ein bissel Graf Bobby, ein bissel phlegmatisch, kurz ein treuer österreichischer Bürger.«

Bald teilte er die Vorliebe seines Vaters für alles Militärische. Er bewunderte nicht nur Vaters Offiziersröcke mit Kappe und Säbel im Kasten, sondern wurde auch zu jeder Frühjahrsparade auf die Ringstraße mitgenommen, wo das Militär in seiner ganzen Pracht aufmarschierte. Unter Bundeskanzler Engelbert Dollfuß war noch ein Garderegiment aufgestellt worden, eine Elitetruppe von ausge-

sucht großen und gut trainierten Männern. Eine Militärkapelle schmetterte den Deutschmeistermarsch, es war ein Volksfest des Patriotismus. Der Vater hatte sich dabei immer mit einem weißen Taschentuch die Tränen aus den Augen gewischt, vor lauter Rührung, zu diesem stolzen Vaterland zu gehören.
Klein Paul kam in die Volksschule in die Kolonitzgasse. Am ersten Schultag wurde er vom Lehrer gefragt: »Bist du katholisch, protestantisch oder mosaisch?« Paul wußte es nicht. Er fragte zu Hause seine Mutter und seine Großmutter. Die wußten es zwar, hatten aber nie über derlei Dinge gesprochen. Zwei Themen waren im Hause Pollak-Liechtenstern nämlich tabu: Geld und Religion. Über diese Themen intimer Natur wurde geschwiegen.
Am nächsten Tag mußte Paul die Frage des Direktors beantworten. »Mosaisch«, sagte also Paul, ohne zu wissen, was das bedeutete, denn auch jetzt hatte ihm das niemand von seiner Familie gesagt. Er ging in keinen Religionsunterricht.
Nach der Volksschule besuchte er das Gymnasium auf der Stubenbastei, neben dem Akademischen und dem Wasa-Gymnasium ein damals traditionelles Wiener Gymnasium der jüdischen Bürger. Seine Mitschüler waren diesselben wie im Bericht über Egon Schwarz. Paul war im selben Jahrgang wie Egon Schwarz, nur in der Parallelklasse.
In den dreißiger Jahren wurde auch das wegen seiner liberalen Tradition berühmt gewesene Gymnasium auf der Stubenbastei zunehmend nationaler ausgerichtet, wenngleich in der pro-österreichischen Richtung. Immer stärker rekrutierte sich die »Vaterländische Jugend«, eine Vorfeldorganisation der »Vaterländischen Front«, auch aus den Stubenbasteilern. Daß die jüdischen Schüler pro-österreichisch eingestellt waren, war eine Selbstverständlichkeit, bei Paul war die vom Vater ererbte Begeisterung

für das österreichische Militär eine feste geistige Basis. Es war für ihn keine Frage, daß er sich nach der Matura gleichfalls wie sein Vater und seine sämtlichen Onkel als Freiwilliger zum einjährigen Dienst beim Heer melden würde.

Als Paul 13 Jahre alt war, geschah aber etwas, was in ihm größte Konflikte auslösen sollte.

Sein Vater nahm ihn zu einem Vortrag in die Wiener Sophiensäle mit. Es war Sonntag, und jeden Sonntagvormittag unternahmen Vater und Sohn irgendwelche Besichtigungen, meist fuhren sie ins Technologische Gewerbemuseum, dessen Direktor ein Studienkollege des Vaters war. Mit Pauls Worten: »Jeden Sonntag hat mir mein Vater Wien vorgestellt.«

In den Sophiensälen sollte ein Vortrag des extremen Zionisten Vladimir Jabotinsky stattfinden, des aus Odessa stammenden späteren Führers der freiwilligen jüdischen Kampftruppen in Palästina. Dort erfuhr Paul etwas gänzlich Neues. Daß es eine jüdische Religion gibt, hatte er in der Volksschule erfahren. Worin sie bestand, wußte er allerdings als Gymnasiast noch immer nicht genau. Obwohl »mosaisch«, besuchte er nach wie vor keinen Religionsunterricht, die Freistunden, die sich während des Faches »Religion« seiner katholischen Mitschüler ergaben, verbrachte er mit seinen Freunden immer im Stephansdom, »weil es dort so schön finster war«. Nun aber erfuhr er, daß es neben der jüdischen Religion auch »ein jüdisches Volk« gibt. Und daß es galt, diesem jüdischen Volk ein eigenes Land auf dem Boden der Väter zu erobern.

Jabotinsky muß, mehreren Berichten zufolge, ein Redner mit größter Überzeugungskraft gewesen sein. Ein »Seelenfänger«, würde man heute von ihm sagen, denn im Grunde ging es ihm darum, Freiwillige für die zionistische Landnahme in Palästina zu gewinnen. Er sprach über die Tragödie des jüdischen Volkes, von der Diaspora der Ju-

den auf der ganzen Welt, die nun ein Ende in einem eigenen Staat finden sollte. Das für Paul Markanteste an dieser Rede aber war, daß Jabotinsky keinen Zweifel daran ließ, daß dieses Land nicht zu erwerben, sondern zu erobern war, wenn nötig mit Gewalt. Paul: »Das hat alles ein bißchen nach Blut geklungen, aber auf mich hat das einen großen Eindruck gemacht.«
Schlagartig fühlte sich Paul gespalten. Er war von Jabotinsky so fasziniert, daß er sich sagte: »Ich muß wählen zwischen meinem Vater und diesem Mann, das ist der nächste Messias.« Und: »Ist meine Heimat nun das künftige Israel, von dem ich hier zum erstenmal hörte, oder Österreich, wo ich aufgewachsen bin?« Einige der Zuhörer, darunter auch Freunde Pauls, entschieden sich sofort für Israel, den Judenstaat, den sie auf dem bis Ende des Ersten Weltkriegs von Türken besetzten, dann von den Engländern verwalteten, immer aber von Arabern bewohnten Küstengebiet zwischen Libanon, Syrien, Jordanien und der Halbinsel Sinai errichten wollten.
In Paul siegte zu dieser Zeit – 1935 – noch Wien. Diese Stadt seiner Eltern, seiner Kindheit war da noch seine einzige Heimat. Er wurde Mitglied der »Vaterländischen Jugend«, die bereits kampfbereit mit Kruckenkreuzabzeichen an Nachmittagen den Ring auf und ab marschierte. Gegenüber, auf der anderen Straßenseite, marschierte die ebenso fanatisierte deutschnationale Jugend mit Hakenkreuzabzeichen und rief: »Heil Hitler, Sieg Heil, Heil Hitler, Sieg Heil!«
In diesen Tagen, in denen einander die Parteigänger der politischen Lager »bis aufs Messer feindselig« gegenüberstanden, gingen diese ideologischen Spaltungen auch quer durch die Klassenzimmer. Neben Paul saß ein Bub, den sie »Bartele« riefen, der fünf Jahre älter war als die übrigen Schüler, weil er so oft und lange beim Unterricht gefehlt hatte und deshalb häufig eine Klasse wiederholen

mußte. War er anwesend, schrieb er von Paul ab, was dieser, wie er selbst zugab, »von jemand anders abgeschrieben hatte«.
Am Tag des Anschlusses, als Tausende Wiener auf den Straßen jubelten, entpuppte sich »Bartele« als Führer der Wiener Hitlerjugend. Seine häufigen Abwesenheiten waren geklärt: Er hatte in dieser Zeit nationalsozialistische Ausbildung in Deutschland erhalten. Ein zweiter nationalsozialistischer Rädelsführer, schon zur Zeit der jugendlichen Kampfaufmärsche auf der Ringstraße, hieß Helmut Sitte. Dessen bester Freund bis dahin war Theo Danzinger gewesen, ein protestantischer Bub aus der Klasse. Aber nur bis zu dem Tag hielt die Freundschaft, an dem die Nürnberger Rassengesetze Theo als »undeutsches jüdisches Element« definierten, da er vier jüdische Großeltern hatte. Die Eltern Danzinger besaßen ein Bonbongeschäft in der Inneren Stadt. Sie konnten nach Amerika flüchten, wo Theo eine der ersten großen Fast-Food-Ketten aufbaute.
Ein Mitschüler, der sich mit Sicherheit aus diesem »Krieg der Kinder« heraushielt, war Egon Schwarz. Er erschien weder auf der einen noch auf der anderen Seite des Ringes. Er fühlte sich von den illegalen Nazis wie auch von den Mitgliedern der Vaterländischen Front abgestoßen. Und auch von den zionistischen Seelenfängern, die ihrerseits unter der jüdischen Jugend von Wien Rekruten suchten. Als Pazifist durch und durch konnte sich Egon keiner dieser Gruppierungen anschließen. Auch die Staatengründung Israels lehnte er ab, weil sie, wie er voraussagte, im Keim neue Nationalitätenkriege mit sich führte.
Paul aber, der für Monturen und Vaterlandskämpfe von klein auf schwärmte, war auf der Seite der – wenn nötig – bewaffneten Auseinandersetzung.
Das Jahr 1938 nahm ihm die Entscheidung, für welches Vaterland er nun kämpfen sollte – Österreich oder Israel

–, ab. »Durch den Anschluß habe ich mich für meine zweite Heimat entschieden«, erzählte er. »Ich war sechzehn Jahre alt und sehr stolz. Mich wirft man nur einmal wo hinaus.«

Er sagte zu seinem Vater: »Ich gehe nach Palästina.« Der Vater, obwohl selbst Zionist, reagierte bürgerlich: »Du bist noch ein Kind, du mußt etwas studieren.« Die Eltern waren dagegen, daß ihr Sohn in das Krisengebiet in den Nahen Osten ging.

Heute, mit über 60 Jahren, sieht Paul Liechtenstern seinen jugendlichen Wagemut von einst abgeklärter, menschlicher, jedenfalls anders: »Ich bin schuld«, sagte er, »daß die Familie nicht zusammengeblieben ist.« Denn auch für die Familie Liechtenstern begann nun nach dem Anschluß der Ausschluß: Der Vater kam nach Dachau, eine Gefangennahme, die allein dem Zweck dienen sollte, die Männer zu quälen, die Angehörigen in Angst und Schrecken zu versetzen und sie zur Ausreise zu zwingen. Pauls Vater wurde unter der Bedingung freigelassen, binnen sechs Monaten auszuwandern.

Die Wohnung in der Löwengasse war mittlerweile von der SA gestürmt worden, die einige der Zimmer, darunter auch den Salon, versiegelte, damit die Familie vor ihrer Abreise nicht an die Wertgegenstände herankommen konnte.

Grotesk an der Geschichte: Onkel Max, der älteste Bruder von Pauls Mutter, war mit einer »Arierin« verheiratet, der Tante Litschi. Bei ihr hatte Paul immer herrliches Schweinsgulasch gegessen, eine Wiener Delikatesse, die seine Mutter, obwohl assimiliert, nie kochte. Sämtliche Brüder und Cousins dieser Tante Litschi waren bei der SS oder der SA. Als Tante Litschi nun hörte, was in der Wohnung ihrer Schwiegermutter und ihrer Schwägerin Else vorgefallen war, rief sie ihre Brüder herbei, die – in Uniform – so freundlich waren, die Siegel von den Türen

»hochoffiziell« zu entfernen. Es konnte vorkommen, daß Hitlers braune »Sturmabteilung«, wenn es sich um »die Familie« handelte, helfend eingriff, selbst wenn es sich um jüdische Mitglieder handelte.

Die Mutter Pauls, die Affidavits, Pässe und Ausreisegenehmigungen für sie alle nach Amerika beschaffte, fing an, die Wohnung aufzulösen, Möbel und Einrichtungsgegenstände in Kisten zu verpacken. Auch das »wertvolle« Kamel. Diese Kisten schickte sie voraus nach New York. Als der Vater aus Dachau kam, war er der erste, der abreiste. Die Mutter konnte nicht weg, weil ihre Mutter, die Großmutter Pauls, alt und schwer krank war. Erst Anfang 1940, als die alte Dame in einem Spital der Israelitischen Kultusgemeinde in Wien verstorben war, reiste auch Pauls Mutter ab. Mit einem der letzten Transporte über Rotterdam nach New York.

Onkel Emil war gleich nach dem Anschluß als Direktor der »Wagons-Lits«-Fabrik in Wien-Inzersdorf abgesetzt worden. Mit Tante Rosa zog er aus ihrer noblen Villa in eine Wohnung am Wiener Rennweg, für die sie sich noch komplett neue Möbel beim Tischler bestellten. Sie waren nicht dazu zu bewegen, zu emigrieren. Sie gehörten zu dem Teil der großen Verwandtschaft, den Paul nie mehr wiedersehen sollte. Verschleppt, vergast, verschollen.

Nur ihr Sohn Erich ging fort. Er zog sein Skigewand an, nahm seine Skier und fuhr, wie viele jüdische Männer damals, mit dem Zug bis zur Schweizer Grenze, stieg einen der Berge hinauf und fuhr auf der anderen Seite in die Schweiz. Mit mehr Glück als Jura Soyfer, dem beim Abfahren auf der anderen Bergseite ein tödliches Mißgeschick passierte. Er sah in der Dunkelheit eine beleuchtete Schutzhütte vor sich, glaubte sich auf Schweizer Boden und fuhr erleichtert auf sie zu – direkt in die Hände der SS. Er hatte die Grenze noch nicht hinter sich gehabt und wurde zurück ins Deutsche Reich in ein Konzentrations-

lager gebracht. Freunde in Amerika versuchten, diesen begabten, als Kommunist und Jude aber doppelt gefährdeten jungen Dramatiker aus dem Lager freizubekommen. Wenige Tage vor Eintreffen der Entlassungspapiere starb Soyfer im KZ Buchenwald an der Ruhr.
Doch einigen Freunden Pauls, darunter Karli Friedländer, einem Buben aus Pauls Haus in der Löwengasse, ist die Flucht in die Schweiz auf Skiern gelungen, obwohl gerade die Schweiz ihre legalen Grenzstellen für Flüchtlinge kaum offenhielt. Paul sagt heute: »Ich bin blöd gewesen, ich hätte das auch so wie Erich und Karli machen sollen. Einige Wochen vor dem Anschluß waren wir noch zusammen in Tirol Skifahren gewesen.«
Der Gymnasiast Paul aber schloß sich einem Transport nach Palästina an, das damals ein Mandat der englischen Krone war, das heißt, im Auftrag des Völkerbundes (dem Vorläufer der Vereinten Nationen) von den Engländern verwaltet wurde. Obwohl er überzeugt war, daß er mithelfen mußte, den neuen »Judenstaat« aufzubauen, spürte er in den letzten Tagen vor seiner Auswanderung so richtig, wieviel ihm die Heimat Österreich bedeutete. Er war schrecklich traurig, glaubte, sich nicht von Wien trennen zu können, trotz seiner Begeisterung für den Zionismus.
In Palästina bezog Paul, der sich sofort der nationalzionistischen Untergrundbewegung anschloß, zum erstenmal in seinem Leben wirkliche Prügel. Und zwar von der englischen Palästina-Police, die dafür zu sorgen hatte, daß der ansässigen, meist arabischen Bevölkerung durch die jetzt massenhaft aus Europa zuwandernden Juden bei der Besiedlung kein Unrecht geschah. Die Araber, die im Lauf der zum Teil radikalen jüdischen Landnahme bis hin zur Staatsgründung Israels im Jahr 1948 nicht gefragt wurden, setzten sich aber zu Recht zur Wehr. Beide Seiten – Araber wie Juden – kämpften hart im Untergrund gegeneinander. Die englische Mandatsmacht konnte blu-

tige Auseinandersetzungen nicht immer verhindern. Auch Paul wurde nun Mitglied des ebenso illegalen wie radikalen nationaljüdischen Untergrundmilitärs, dem zum Beispiel auch der jetzige israelische Ministerpräsident Yitzhak Schamir angehörte. Paul lebte in einem kleinen Dorf im Norden des Galils, wo er tagsüber Landwirtschaft betrieb, nachts aber Tanks in die Luft sprengte, Straßenblokkaden errichtete, mit Sprengladungen und Handgranaten umging. Paul: »Ich wurde zu einem verbitterten, sehr ernsten Zionisten.«

An seine erste Heimat Österreich wurde er nur gelegentlich erinnert. Etwa, wenn sie in kleinen Partisanengruppen den Hermon hinaufstiegen, den höchsten, meist schneebedeckten Berg Israels an der libanesischen Grenze. Da konnte es vorkommen, daß sich in Paul Spuren seiner patriotischen österreichischen Seele meldeten: Schön ist es hier schon, dachte er dann, aber nichts im Vergleich mit Tirol.

Ob er, wenn er nun die Schiffe der Wüste in natura an sich vorüberziehen sah, noch gelegentlich an das bronzene Kamel im Salon seiner Großeltern und Eltern dachte?

Paul spürte bald, daß er trotz seiner Begeisterung für die Uniform für diesen mörderischen Untergrundkrieg doch nicht ausgebildet und trainiert genug war. Zahlreiche einsame Terrorakte in der Dunkelheit, die Zersplitterung der Kommandotrupps, die Hitze, die Kameraden, die ihm fremd blieben. Meist irrte er allein im Land umher, gehörte zu niemandem, war entwurzelt und vor allem – schrecklich hungrig. Der Untergrundkampf konnte seine Kämpfer nicht ernähren. Allmählich war Paul zum Gespenst abgemagert.

Die nächste Station seiner Lebensgeschichte war eine Parkbank in Tel Aviv, auf der er lag und glaubte, nun sterben zu müssen. Er hatte genug von den Einsätzen sei-

nes Bataillons gehabt, hatte sich abgesetzt, war nun dem Hungertod nahe und ohne Hoffnung.
Aber es ging weiter mit Paul. Er erzählte: »Als ich da so zum Sterben auf der Bank liege, kommt der Gerhard Bronner vorbei und hat mir das Leben gerettet.« Ob der Wiener Kabarettist Gerhard Bronner das auch so sieht? Paul weiß es nicht. Für ihn aber war Bronners Fingerzeig, der in Friedenszeiten ein kleines Stück Kabarett abgeben könnte, die Lebensrettung. »Du«, sagte Bronner, »gib nicht auf. Die Engländer suchen Musiker für ihre Armeekapellen, meld dich, die nehmen dich sicher.«
Paul, der in Musik nie besonders gut gewesen war, weder ordentlich singen konnte, noch ein besonderes Talent für irgendein Instrument besaß, meldete sich bei der englischen Armee, die tatsächlich eben einen Kontrabassisten suchte. Paul hatte dieses riesige Streich- und Zupfinstrument nie im Leben gespielt, bekam aber ein bißchen Unterricht und musizierte nun in der hintersten Reihe eines Militärorchesters. Er erinnert sich: »Ich war ein miserabler Bassist, aber alle anderen waren gute Musiker, so daß es nicht auffiel.«
So kam er als Militärmusiker mit der britischen Armee bis nach Indien, ein anderes Gebiet der Engländer. Als Hitlers Krieg 1945 in Europa zu Ende ging, ließ die britische Armee alle Nicht-Engländer in ihren Reihen abmustern. Mit den Worten: »Wollt ihr hier abrüsten oder in England?« war Paul die englische Uniform los. Er entschloß sich aber, statt in Indien doch lieber in Europa abzurüsten, denn nun wollte auch er von dort zu seinen Eltern nach Amerika. Dazu kam es aber nicht. Er blieb in England, heiratete und baute – sozusagen als Fortsetzung seiner einmal begonnenen Karriere als Musiker – einen Musikverlag mit eigener Schallplattenproduktion auf.
Längst war er angesehener Londoner Bürger, da kam in den späten sechziger Jahren eine große Holzkiste aus

New York in seinem Haus in der Nähe von »Swiss Cottage« an. Seine Mutter, damals 80 Jahre alt, hatte nach dem Tod ihres Mannes beschlossen, sich von ihren weltlichen Kostbarkeiten zu trennen und sie ihrem einzigen Sohn zu übersenden. Ein Teppich kam aus der Kiste hervor, ein Zierpolster, ein Vorhang, ein kleiner Bettvorleger. Pauls englische Ehefrau war entsetzt: »Wo sollen wir das alles hintun?« Da berührte Paul etwas Hartes, Metallenes, eingewickelt in Tücher und Gardinen, das sich in der Mitte des Überseekoffers befand. Er hob den Gegenstand heraus und befreite ihn von den Umhüllungen. Es war das Bronze-Kamel. Pauls Ehefrau: »Entsetzlich, scheußlich, das werfen wir sofort weg.«
Paul aber sah es lange an, mit Tränen in den Augen. Ans Fortwerfen dachte er nicht. Er stellte es im Salon hinter einen Blumentopf. Seine Frau gestattete es ihm, nachdem sie die lange Reise dieses treuen Tieres kennengelernt hatte. Und allmählich durfte das häßliche Metallvieh sogar an einen schöneren Platz in der Blumenecke hervorwandern. Von Jahr zu Jahr rückte es ein Stück näher zur Mitte des Pflanzentisches. Heute ist es die seltsame Zentralfigur im Blumenfenster im Haus Lynton. Der Blumenhain wurde in »Zoo« umbenannt, und das Kamel erhielt von Paul und seiner Tochter den liebevoll-sperrigen Namen »Prückel«. Wenige Besucher des eleganten Hauses können sich diesen Namen erklären.

Als ich Paul Lynton – früher Liechtenstern – im November 1987 besuchte, stand er vor der Abreise nach Amerika zu seiner Mutter. Else Liechtenstern, die im Januar 1888 in der Löwengasse in Wien zur Welt gekommen war, feierte im Januar 1988 in New York ihren hundertsten Geburtstag. Zu diesem einmaligen Ereignis traf ihre Familie aus Frankreich, Israel, England und Südamerika bei ihr zusammen. Sie hatte ja sieben Geschwister, die es in den Jahren 1938/39 wahllos in alle Himmelsrichtungen verwehte. Nach Wien ist sie nie mehr gereist. Anders als ihr Sohn Paul, der, »ich weiß nicht warum«, doch immer wieder nach Österreich zurückkommt. Meist zum Skifahren in die Tiroler Berge. Nur die Gespräche mit den Österreichern fallen ihm meist schwer, es ist, als ob sie – obwohl deutsch – eine andere Sprache mit ihm sprächen. Einmal wollte er in Innsbruck die Familie seines Schulkameraden Helmut Sitte aufsuchen. Eines Tirolers, der mit ihm in Wien ins Gymnasium gegangen war. Helmut war als illegaler Hitlerjunge einer der Anführer derer auf der anderen Seite der Ringstraße gewesen. Bei seinem Besuch hat Paul erfahren, daß dieser Helmut an der Front in Rußland gefallen ist. Paul hat dies leid getan. Gewisse Worte der Mutter Helmuts haben aber verhindert, daß er ihr sein Mitgefühl hätte zeigen können. Die Frau sagte: »Ja, Herr Paul, Sie waren ja glücklich, Sie haben ja von Wien fortkönnen damals.« Da hat Paul die Konversation abgebrochen. Wie dieser trauernden Österreicherin begreiflich machen, »daß ich doch nie aus Wien fortwollte, sondern am Tag meiner Abreise todunglücklich war«.

FRITZ MANDELBAUM, 14 Jahre
Vater: Schlossermeister
1939 nach London geflüchtet

Der Tag, als Vater zum Indianer wurde

In der Klasse hatte man ihn »Mandi« gerufen. Nicht Fritz, wie er eigentlich heißt. Aber in den Wiener Schulen nannten sich damals alle beim Familiennamen, der einfach abgekürzt wurde, wenn er zu lang war.
Fritz' Familienname war Mandelbaum, ein »typisch« jüdischer Wiener Name von damals. Wenn jemand »typisch« sagte, so meinte er das nicht freundlich. »Typisch jüdisch« war fast immer abfällig gemeint. Es bezeichnete die Summe der negativen Eigenschaften, die man ohne Unterschied jedem Juden andichtete.
Fritz hatten die Schulkameraden in der fünften Klasse im RG XVII in Wien-Hernals zuerst also immer nur »Mandi« gerufen. Sein bester Freund war »Persi«, der Sohn eines Wiener Straßenbahnschaffners, der in Wirklichkeit Persatzi hieß. Mit ihm spielte er immer Ping-Pong. Ein anderer hieß »Pengi«, noch ein anderer »Schneider«. Zusammen mit diesem Schneider war Fritz auch der beste Läufer und Turner. Sonst war er kein guter Schüler, nur im Turnen war er der beste.
Kurz nach dem Anschluß wurde die Klasse vom Turnprofessor in Riegen eingeteilt. In die erste, zweite, dritte, vierte und fünfte Riege, je nach Können. Die ganz schlechten waren in der fünften Riege, die besten in der ersten. Fritz kam in die erste. Das war für ihn ganz selbst-

verständlich. Nur »Pengi« rief plötzlich dazwischen: »Herr Professor, das geht nicht, der Mandi ist doch ein Jude!«

Im Turnsaal war es ganz still. Bis der Professor sagte: »Da ich offiziell noch keine Weisung bezüglich Juden bekommen habe, bitte ich, mir hier nicht dreinzureden.«

Fritz blieb in der ersten Riege und war stolz und glücklich. Dies währte aber nicht lange. Denn plötzlich hieß es, daß alle ersten Riegen aus den Wiener Gymnasien vor dem Gauleiter turnen dürfen.

Vor dem Gauleiter!

Das war der allerhöchste Verwaltungsbeamte Hitlers in Wien und Umgebung, eine Nazi-Persönlichkeit, die mehr Macht und Bedeutung besaß als heute der Bürgermeister von Wien und der Landeshauptmann von Niederösterreich zusammen. Er war dem »Führer« oder seinem Stellvertreter direkt unterstellt und hatte keinen anderen Vorgesetzten. Natürlich war er ein Judenfeind.

Sollte auch Fritz, bester Turner der fünften Klasse des RG XVII, obwohl er Jude war, vor dem Gauleiter turnen dürfen? Vor dem Obernazi, der doch eigentlich sein größter Feind war?

»Es war sehr komisch«, erinnert sich Fritz heute. »Der Gauleiter war doch eigentlich mein Verfolger, und ich habe ihn wie alle Nazis gehaßt. Aber trotzdem wäre es für mich wahnsinnig schön gewesen, ihm zeigen zu dürfen, wie gut ich bin.«

Aber das durfte nicht sein. Fritz wurde ausgeschlossen. Es war für ihn eine bittere Erkenntnis: »Auf einmal war ich räudig. Das hat sehr weh getan.«

Aber mehr noch als diese Demütigung schmerzte Fritz noch ein anderer Gedanke. Die Erkenntnis der Ungerechtigkeit: »Daß du als Jude auf keinen Fall eine Chance hast, egal welche Vorzüge du auch besitzt.«

Diese Ohnmacht erlebte Fritz im März des Jahres 1938

gleich mehrmals. Schlag auf Schlag wurde er »ausgeschlossen«. Zuerst aus der Klassengemeinschaft: Er mußte als Jude in eine rein jüdische Schule im XIX. Bezirk wandern. Dann von allen Freundschaften. Als einziger hielt nur noch »Persi« zu ihm und spielte weiter mit ihm Ping-Pong. Die anderen wurden über Nacht unfreundlich und grob zu ihm. Wo er auch hinsah, überall war er auf einmal unerwünscht und ausgeschlossen.

Zum Beispiel auch vom weiteren Besuch des Eislaufplatzes »Engelmann« auf der Jörgerstraße. Fritz war ein hervorragender Eisläufer. Sobald er die Hausaufgaben fertig hatte, lief er mit seinen Schlittschuhen zum Engelmann, wo er jeden Winter eine Saisonkarte besaß. Er hatte dort in diesem Winter 1938 auch schon zu flirten begonnen und auf dem Eis zu tanzen. Jeden Nachmittag flitzte er den kurzen Weg von seinem Elternhaus in der Thelemanngasse, einer kleinen Seitengasse in der Nähe der Hernalser Hauptstraße, zur herrlichen Freiheit des Eislaufplatzes hinüber.

Als er eines Tages im März wieder hingehen wollte, die Schlittschuhe kühn über die Schulter geworfen, stand dort auf einem neu befestigten Schild an der Tür: »Kein Eintritt für Juden.« Das hatte Fritz wieder hart getroffen.

»Im Verhältnis zu unserer damaligen Angst, eingesperrt zu werden und ins Konzentrationslager zu kommen, war das Eislaufverbot natürlich nur eine banale Sache. Aber für mich als Sechzehnjährigen war das schon sehr schmerzlich.«

Er mußte Rempler und Tritte hinnehmen und wurde von seinen ehemaligen Freunden verfolgt. Aber nichts hatte ihm so weh getan wie das Gefühl, nirgends mehr dazuzugehören.

Nach dem Anschluß Österreichs an das Deutsche Reich herrschte ungeheurer Jubel in Wien. Flugzeuge warfen Millionen weißer Zettel ab, die in den Gassen und über den Dächern wie Schneeflocken herumtanzten. Die Straßen waren voller Hakenkreuzfahnen und begeisterter Menschenmassen, die wie aus der Erde gequollen und wie vom Himmel heruntergefallen wirkten. Überall heller Jubel.

Für die Familie Mandelbaum gab es keinen Jubel. Für sie sollte es in der Folgezeit schlimm werden. Es begann in der Nacht vom 8. auf den 9. November 1938. Da gab es in Wien ein Erdbeben, das viele nicht spürten, weil sie fest schliefen. Die Mandelbaums spürten es aber, hörten die Gläser in den Schränken klirren und sahen die Luster schwanken. Sie lagen nämlich jetzt in den meisten Nächten hellwach, weil sie Angst hatten. Wie auch in der nächsten Nacht, vom 9. auf den 10. November, die später als die »Reichskristallnacht« in die Geschichte eingehen sollte.

Fritz wohnte mit Vater, Mutter, dem kleinen achtjährigen Bruder Hans sowie Tante und Onkel im Haus Thelemanngasse 4, ein Stockwerk über einer jüdischen Gebetsschule. In dieser finstersten Nacht Europas, in der es hell zum Himmel loderte, sollten fast alle Gebetshäuser und Synagogen zerstört werden.

Auch die Gebetsschule unter der Mandelbaumschen Wohnung, in der Fritz mit seinem Vater oft gewesen war. Ein Trupp von SS-Männern drang dort ein und begann mit der Arbeit. Mit Spitzhacken schlugen sie auf die Gebetsbänke ein, zerhackten das für Juden heilige Holz, daß das ganze Haus zitterte. Dann warfen sie die zersplitterten Trümmer durch die geschlossenen Fensterscheiben auf die Straße.

Es war fünf Uhr früh. Den Mandelbaums war klar, daß die SS-Männer bald in ihre Wohnung heraufkommen würden. Der Vater hatte die Seinen im Vorzimmer zusammengerufen und das alte jüdische Gebet »Wir sind in Gottes Hand« gesprochen.

Dann beschloß er etwas Ungeheuerliches. Er bestimmte, daß der Kleinste von ihnen, Hans, die Tür aufmachen sollte, wenn es läutete. Der Achtjährige hatte blonde Locken und sah von Kopf bis Fuß »arisch« aus. Ihn würden sie vielleicht, so dachte der Vater, als einen, der aussah wie ihre eigenen Kinder, nicht sofort erschießen. Ein kühner, verzweifelter Gedanke. Der Vater hoffte, das Erstaunen würde die SS-Männer etwas abkühlen.

Da polterte es auch schon an der Tür. Der kleine Hans schritt wacker auf sie zu und öffnete. Und die Uniformierten mit den Totenköpfen auf Rockaufschlägen und Mützen standen auch schon im Vorzimmer. Jeder mit einem Gewehr oder einem Prügel in der Hand. Den kleinen Hans schoben sie grob beiseite. Die Mutter und die Tante schrien auf. Doch diesmal blieben die Mandelbaums noch ungeschoren. Die SS-Männer stürzten sich auf Kästen und Kommoden, rissen Laden und Türen auf und warfen den Inhalt auf den Boden. Sie wollten die Pässe der Familie sehen.

Eine Bestimmung dieser Zeit lautete, daß Juden, die mit ungültigen Pässen angetroffen wurden, sofort zu verhaften waren. Zum Glück waren die Reisepässe der Familie Mandelbaum in Ordnung. Der SS-Trupp hinterließ zwar eine in Unordnung gebrachte Wohnung, aber er zog ab.

Am nächsten Tag wurde der Vater doch festgenommen. Auf offener Straße einfach angehalten und angesprochen:

»Sind Sie Jude?«

»Ja«, sagte der Vater.

»Dann kommen Sie mit!«

Fritz' Vater, ein Schlossereibesitzer, war in der kleinen Mandelbaum-Fabrik nachschauen gewesen, die der Großvater, gleichfalls ein Schlosser, aufgebaut hatte. Freilich saß jetzt ein »arischer« Verwaltungskommissar dort, denn die Juden sollten ja alle enteignet werden. Doch der Verwaltungskommissar hatte sich der Familie Mandelbaum

gegenüber immer anständig benommen. Auf der Straße mußte es den Vater erwischen.
Die SS-Männer führten den Vater bis zur Wohnung, wo sie ihm erlaubten, sich von der Familie zu verabschieden. Er sollte ins Konzentrationslager Dachau gebracht werden. Fünf Minuten hatte er Zeit, von den Seinen Abschied zu nehmen.
Mutter weinte heftig. Auch Fritz weinte und umarmte seinen Vater. Dann ging dieser zur Tür. Drehte sich dort jäh um und rief scharf: »Fritz, komm zu mir!«
Fritz folgte auf der Stelle. Der Vater legte ihm die Hände auf die Schultern und sagte: »Fritz, wenn ich nicht zurückkomme – du wirst mich rächen!«
Das war so unerwartet für den Knaben, daß er sofort zu weinen aufhörte. Ich werde überleben. Das spürte Fritz in diesem Moment. Ich werde die Familie rächen.
Für den kaum Fünfzehnjährigen war dieser Befehl des Vaters so etwas wie die Ernennung zu einem eigenen Oberkommando. Fritz weinte zwar wieder hinterher, aber er fühlte, von jetzt an war er stärker, irgendwie größer geworden. Von seinem ruhigen, sittsamen Vater hätte er nie so etwas erwartet. Daß er Fritz gleichsam zum Familienoberhaupt bestimmte, obwohl doch noch der Onkel oder andere Erwachsene dawaren. Fritz war neben Hans das einzige Kind in der großen, weitverzweigten Verwandtschaft. Daß der Vater ihn mit dieser Verantwortung auszeichnete?
Bisher hatte ihn der Vater eindeutig noch für ein Kind gehalten. Ja, er kannte diesen Mann eigentlich gar nicht so recht, der regelmäßig morgens in die Fabrik ging, mittags nach Hause kam, aß und dann auf eine Viertelstunde hinter der Zeitung verschwand. Wie damals fast alle Väter des bürgerlichen Mittelstands. Meist trug der Vater einen dunklen Nadelstreifanzug, wie damals fast alle Väter der Wiener Bürgerschicht.

Außer über Fußball, über den sich Vater und Sohn gelegentlich unterhielten, war es zwischen ihnen viel zu selten zu einem Gespräch wie unter Erwachsenen gekommen, höchstens am Sonntag. Aber sonst hatte Fritz nicht das Gefühl gehabt, von seinem Vater ernst genommen worden zu sein.

Für die Familie Mandelbaum veränderte sich ab dem Zeitpunkt der Verhaftung des Vaters alles. Von nun an begann sie, sich mit dem Begriff »Flüchtling« vertraut zu machen, ein Wort, das sie zwar nicht so oft aussprachen, das aber nun all ihre Handlungen bestimmte.

Zum Beispiel den Verkauf der Möbel. Um die Fabrik mußten sie sich nicht weiter kümmern, denn die hat man ihnen ohnehin ganz weggenommen. Einfach eines Tages zum »deutschen Eigentum« erklärt.

Oder das Englischlernen. Jeder in der Familie hatte ein Englischheft angelegt. Auch Fritz bekam ein brandneues Englischbuch, denn die Familie hoffte – sobald der Vater aus dem Lager zurückkam –, ein Einreisevisum nach England zu erhalten. Fritz begann sich mit dem Stadtplan von London zu beschäftigen.

Eines Tages im Februar 1939 war der Vater wieder da. Entlassen aus Dachau: Abgemagerter Körper, kahlrasierter Schädel, ein kantiges, von der Arbeit im Freien gegerbtes Gesicht. Für Fritz war das plötzlich ein ganz anderer Mensch.

Fritz, der später Schriftsteller wurde, beschrieb die Veränderung des Vaters wieder und wieder in Erzählungen und Romanen. Er kam ihm damals seit seiner Rückkehr aus Dachau und während der Zeit der Flucht wie ein Indianer vor.

In »Friedenszeiten«, wie sie die Zeit vor ihrer Flucht im Juli 1939 ab jetzt nannten, war ihm sein Ernährer eher wie eine geistesabwesende Erscheinung beim Abendessen erschienen, nun aber wuchs er und gesellte sich für den

Sohn zu den ganz großen Karl-May-Helden. Der Vater war eigenartig schlau und tapfer geworden und tat Dinge, die er früher ganz bestimmt nicht getan, ja geradezu als unrechtmäßig verworfen hätte.

Zum Beispiel schwindeln.

Als sie endlich die Einreisevisa für England beisammen und ihre Habseligkeiten – Kleider, Töpfe, Bücher – in großen Koffern verpackt hatten, wollten sie den Zug am Westbahnhof besteigen. Vater, Fritz und ein Onkel. Die Frauen sollten mit Hans einige Tage später folgen, denn in großen Gruppen zu reisen erschien ihnen zu gefährlich. Bevor sie zum Zug durften, wurden sie aber wieder von einem SS-Soldaten mit Totenkopfabzeichen an der Uniform aufgehalten. Der musterte zuerst sie, dann eine Liste und stellte schließlich mit herablassender Kälte fest: »Sie schulden dem Deutschen Reich noch neunzigtausend Reichsmark!«

Der Vater erwiderte erschrocken: »Bitte meine Steuerabrechnung vorweisen zu dürfen.« Er hatte ja alles bezahlt, wie er als ordentlicher Kaufmann immer alles ordnungsgemäß bezahlt hatte. Doch darum ging es gar nicht. Es handelte sich um eine reine Schikane.

Der Vater wußte dies und begann nun, sich gegen diese Ungeheuerlichkeiten mit für Fritz ebensolchen Ungeheuerlichkeiten zu wehren.

Vater sagte: »Bitte, meine Familie hat in den letzten zehn Wochen von der jüdischen Volkshilfe gelebt.«

Zum Erstaunen von Fritz wies er sogar drei Heftchen der jüdischen Hilfsorganisation vor, aus denen fast alle Essensmarken verbraucht worden waren.

Fritz wußte, daß niemand aus seiner Familie je bei dieser Ausspeisung gegessen hatte. Im Gegenteil, der Vater war immer ein Förderer dieser Sozialeinrichtung seiner Religionsgemeinschaft gewesen. Deshalb war er wahrscheinlich auch im Besitz dieser Markenhefte.

Fritz hatte große Angst, der SS-Mann könnte diesen Schwindel entdecken. Statt nach London wären sie dann sicher alle in ein Konzentrationslager gekommen. Fritz traute sich gar nicht richtig aufzuschauen.
Sein Vater aber war gar nicht ängstlich. Mit dem kantigen, braunen Gesicht und der großen krummen Indianernase glich er einem Apachen, der einem Weißen trotzte. Fritz fühlte, es war kühn von seinem Vater, geradezu verwegen. Aber an diesem Tag, an dem er Flüchtling wurde, war eben alles ganz anders. Und siehe da: Der Totenkopf ließ sie passieren.
Und dann erlebte er noch einmal einen ganz neuen Vater. Einen Vater, der zuerst kicherte, dann in einem so eigenartigen Gelächter gackerte, wie Fritz es nie zuvor gehört hatte.
Der Vater lachte wie einer, dem ein Riesenschabernack gelungen war. Wohl aber auch wie einer, der sich mit dem Gelächter von einer panischen Angst befreite. Dabei blieb es auf der gesamten, langen Reise. Es war eben alles so lächerlich, toll und verrückt, obwohl es doch in Wirklichkeit so unendlich traurig war.
»Zuerst trippelten wir so komisch«, erzählte Fritz lange Zeit später. »Wir taumelten wie betrunken unter der Bürde unserer Koffer.«
Dieses Schwanken auf der überfüllten Plattform, dieses Stolpern über Gepäck, über andere Kinder und Menschen, war viel wirklicher als ihr früheres Leben. Die Leute am Bahnhof verhöhnten und verspotteten sie. Einer warf ihnen einen Paradeiser nach, der am Koffer des Vaters zerklatschte. Und diesem Vater, dem Indianervater in dem langen schwarzen Lodenmantel, den er seit Dachau nicht mehr ausgezogen hatte, fühlte sich Fritz viel näher als dem früheren Nadelstreifvater.
Er sah nicht nur so aus wie ein alter Apache, er war auch einer! Mit Mühe hatten sie in einem Abteil bei einem ein-

äugigen Major Platz genommen. Sehr zum Mißfallen des Schaffners, der sie am liebsten im Viehwaggon gesehen hätte. Doch der Major mit der Augenklappe, der fortwährend Wein trank, ließ sie zu sich hereinkommen.

Der Vater befahl Fritz, Englischvokabeln zu lernen, was er auch tat. Doch schon in Oberösterreich überfiel ihn der Hunger. Der Vater hatte damit gerechnet, im Speisewaggon zu essen zu bekommen. Doch auf diesem stand in großen gotischen Buchstaben: »Für Juden Eintritt verboten.«

Fritz hatte Hunger. Sie kamen über die Grenze ins Reich. Fritz' Magen knurrte. Es gab keine Möglichkeit, zu Eßbarem zu gelangen. Auch der Mann mit dem fahrbaren Süßwarenwagen war vom Schaffner vorsorglich informiert worden, »den Juden da drinnen« nichts zu verkaufen. So war auch diese Chance dahin.

In Nürnberg war der Hunger aber schon nicht mehr auszuhalten. Da erwies sich wieder sein früher so rechtschaffener, jetzt aber so trickreicher Vater als überraschender Held und Retter. Der Major war mittlerweile in den Speisewaggon gegangen, nur seine Kappe und seinen Uniformmantel hatte er im Abteil gelassen.

So schnell hatte Fritz gar nicht schauen können – da hatte sich sein Vater den Uniformmantel angezogen, die Kappe auf den Kopf gesetzt, sich beim Fenster hinausgelehnt und »Drei Paar Würstel, bitte« gerufen. Der Buffetmann reichte dem »Major« die Würstel herauf, nahm das Geld entgegen, und die Runde hatte blitzartig etwas zu essen. Genauso flink, wie er Mantel und Mütze angelegt hatte, entledigte sich der Vater wieder der Kleidungsstücke und hängte sie an ihren Platz, als wäre nichts gewesen. Das war ein weiterer ungewöhnlicher Heldenstreich des Apachen-Vaters.

Der Major erwies sich im übrigen als ihr Freund und Gönner, obwohl auch er unter dem Zwang stand, ihnen seine Sympathie nicht richtig beweisen zu können. So kam es zu einer höchst grotesken Begebenheit in diesem Coupé, die schließlich sogar für Fritz mit dem ersten Schwips seines Lebens endete.

Der Major, der sich von Beginn an aus einer Weißweinflasche regelmäßig eingeschenkt und sich bei seiner Rückkehr aus dem Speisewaggon eine neue Flasche mitgebracht hatte, zauberte plötzlich auf der Strecke nach Frankfurt drei weitere Gläser aus seinem Gepäck hervor und reichte sie seinen verdutzten Mitreisenden. Auch Fritz bekam ein Glas, der Major wollte offiziell und in altösterreichischer Manier mit den Mandelbaums anstoßen. Wahrscheinlich wollte er zu verstehen geben, daß er mit den Unmenschlichkeiten der Welt da draußen nicht das geringste zu tun hatte.

Wie sollte er es in dieser Zeit, da Sympathiekundgebungen für Juden mindestens ebenso gefährlich waren wie selbst ein Jude zu sein, besser zeigen, als durch einen gemeinsamen kleinen Umtrunk mit Trinkspruch.

»Auf den Anstand. Auf ehrliche Möglichkeiten. Auf gegenseitiges Verständnis«, schnarrte der Major in gewohntem Befehlston. Alle stießen an, alle tranken. Auch Fritz, der bis dahin noch nie mit Alkohol in Berührung gekommen war.

War auch dies ein Zeichen für Fritz' vorzeitigen Eintritt ins Erwachsenenalter? Fritz konnte die Frage nicht mit Sicherheit beantworten, denn zunächst einmal fühlte er sich nach den ersten Schlucken weniger erwachsen als beschwipst.

Wie durch Nebel sah er fortan die weiteren Geschehnisse der Reise. Den Abtransport des gleichfalls berauschten Majors auf dem Rücken seines Offiziersburschen. Das Gespenst des riesigen Kölner Domes vor den Fenstern. Die deutschen Zöllner, die nachts die Koffer der Familie herunterrissen, den Inhalt im ganzen Abteil am Boden verstreuten, darauf herumtrampelten – angeblich auf der Suche nach geschmuggelten Juwelen und Goldstücken. Fritz erlebte dies alles wie in Trance. Der Wein des Majors hatte ihm den Blick auf das Makabre, Gefährliche und Gemeine seiner Flucht vernebelt. Der Zug rollte weiter, und es erschien Fritz wie ein neuer toller Streich seines Vaters, daß sie endlich doch die Grenze von Deutschland nach Holland passierten und daß sie von jetzt an in Freiheit waren, die Feinde und Verfolger hinter sich gelassen hatten.

Die Überfahrt vom Kontinent auf das Inselreich Großbritannien war da auch nur mehr ein Katzensprung. Wie die tapferen Helden waren sie sämtlichen Gefahren entronnen. Mit großer Erleichterung und Vorfreude betraten sie ein Zimmer in London, das die jüdische Hilfsorganisation für sie reserviert hatte. Und fielen gleich wieder aus allen Wolken ihrer Freude. Denn das Zimmer war so elend, so staubig und so dreckig, wie sie das nie vorher gekannt hatten.

Da verwandelte sich der Vater von Fritz noch einmal, diesmal aber für immer: Den »Friedensvater« hatte er schon in Wien mit dem Nadelstreifanzug abgelegt. Nun aber verließ ihn auch die strahlende Aura eines abenteuerlichen Indianers. Jetzt ging er zur Abwäsche mit dem Berg schmutzigen Geschirrs und begann abzuwaschen.

»Mein Vater, der zu Hause in der Küche nie auch nur mit einem Finger geholfen hätte, wusch hier als erstes Geschirr ab. Das hätte ich am allerwenigsten von ihm erwartet.«

Ein Nadelstreifvater wusch kein Geschirr ab. Im Wien vor dem Zweiten Weltkrieg schon gar nicht. Aber auch ein Indianer wäscht kein Geschirr ab. Helden sind von solchen Banalitäten befreit.

»Nun erst«, so wußte Fritz, »hat unser Flüchtlingsdasein begonnen. Nun erst wurde alles so armselig und traurig,

wie sich dies für Rechtlose und Verstoßene, die niemand haben möchte, gehört.«
Doch auch diese Verwandlung blieb für die Mandelbaums nicht die letzte. Die allergrößte folgte erst. Sie mußten ihre Namen hergeben und bekamen neue.
1940 fuhren sie von London nach New York weiter, wo der Vater hoffte, als Metallschweißer Arbeit zu finden. Als er sich in die amerikanische Gewerkschaft eintragen wollte, ohne die in den Vereinigten Staaten keine Arbeitsbewilligung zu bekommen war, sagte man ihm: »Mandelbaum, das ist doch kein guter Name!«
Der Vater hatte keine Wahl. Ohne viel zu überlegen benannte er seine gesamte Familie in »Morton« um. Gleich dort am Schalter der Gewerkschaft. Hauptsache, er konnte arbeiten und die Seinen erhalten. Dann ging er nach Hause und teilte seiner Familie mit, daß sie ab sofort anders hießen. Rosa, seine Frau, wurde zu »Rose«, Hans zu »Henry« und Fritz zu »Fred«. Er, der Vater, der in seiner Heimat Österreich noch nach dem Kaiser Franz Joseph auf »Franz« getauft worden war, mußte sich von nun an »Frank« nennen.
Zwischen Franz und Frank liegen Welten.
Dennoch: Sie schafften es. Die vier lebten sich in New York ein, wurden amerikanische Bürger. Vater Frank brachte es durch seinen Fleiß wieder zu einer ansehnlichen Metallschleiferei. Henry wurde ein bekannter US-Rechtsgelehrter, Fred Schriftsteller, der nur in englischer Sprache schreibt. Die Eltern, die heute noch leben, sind stolz auf ihre beiden Söhne. Doch waren beide als Rosa und Franz zu sehr begeisterte Wiener gewesen – um je wieder ganz glücklich zu werden.
Auch Fred weiß nicht so recht, ob er nun ein richtiger Amerikaner ist oder nicht. »Ich fühle mich als New Yorker«, sagt er heute, »aber ich schreibe viel über Europa, besonders über Österreich.«

In den größten amerikanischen Zeitungen wurden von ihm immer wieder Artikel über das Österreich der Jahre 1938 und 1939 veröffentlicht. Als er 1987 in den Redoutensälen der Wiener Hofburg einen Vortrag über die Geschehnisse dieser Jahre in Wien halten sollte, sagte seine Mutter beim Abschied in New York zu ihm: »Weißt du, im Redoutensaal habe ich als junges Mädel auf vielen Bällen getanzt.«

Sie haben alle vier ihr Wien von damals nicht vergessen. Auch sagt die Mutter heute noch – nach 50 Jahren – »Fritzl« zu ihrem ältesten Sohn. Seinen richtigen Namen konnte sie eben nie vergessen.

Fred Morton, der sich als Schriftsteller viel später »Frederic Morton« nannte, hat in England und Amerika zuerst als Bäckerlehrling gearbeitet. Dann besuchte er die New School for Social Research und studierte danach an der Columbia University, die er aber wegen wachsender Erfolge als Schriftsteller bald wieder verließ. Immer wieder beschwört er in seinen Romanen (wie »Ewigkeitsgasse«) sowie in seinen Kurzgeschichten (wie »Der Tag, an dem ich Flüchtling wurde« oder »Please, where is Charlotte Street?«) das Bild seiner Heimatstadt und die Zeit seiner Vertreibung aus Wien herauf.

RITA KOCH, 7 Jahre
Vater: Architekt und Stadtbaumeister
Zwischen 1939 und 1944 über Mailand (später Internierung in Calabrien) nach Palästina entkommen.

Ein zerstückelter Lebensfaden

Rita entstammt einer der ältesten Rabbinerfamilien, die nachweislich, bis ins 10. Jh. zurückzuverfolgen, größte Thoragelehrte und Wortführer des jüdischen Gemeinde- und Geisteslebens hervorgebracht hat. Zu den Ahnen ihrer Mutter gehört etwa auch der unter Kaiser Maximilian I. 1499 in den Adelsstand erhobene Josef von Rosheim (1478–1554), der unter Maximilian und dessen Nachfolger Karl V. die ehrwürdige Position eines »Gouverneurs der Juden im Heiligen Römischen Reich« innegehabt hatte. Damals, wie in den Jahrhunderten zuvor, lebte die Familie – der Name besagt es – noch in deutschen Landen. Rosenheim ist ein Städtchen am Rhein. Die großen, gebietsweisen Vertreibungen der jüdischen Bevölkerung haben später wieder eingesetzt. Sie hatten den großen Exodus der deutschen Juden in den Osten Europas zur Folge.
Auch der legendenumwobene Rabbi Löw von Prag findet sich im Stammbaum von Ritas Familie. Diesem großen Gelehrten und Philosophen, dessen voller Name Juda Löw ben Bezalel (1525–1609) lautet, schreibt die Überlieferung die Schaffung des »Golem« zu, jenes Geschöpfes aus Lehm, das durch die konzentrierte magische Kraft des Menschen zum Leben erweckt wird. Der Schriftsteller Gustav Meyrink hat dem »Golem« in seinem gleichlauten-

den Roman ein Denkmal gesetzt – als die Beschwörung einer mystischen Macht, die sich dem rationalen Zugriff entzieht. In der Dämonie des Dritten Reiches etwa, so die moderne »Golem«-Interpretation, liegt ein Vorgeschmack vom apokalyptischen Untergang der Welt. Der Mensch als entfesselte Bestie.

Ritas Familie, die Nachfahren Rabbi Löws, haben von diesem apokalyptischen Beinahe-Untergang reichlich zu spüren bekommen. Der ältere Bruder ihrer Mutter, Rabbiner Elias Rosen, war das letzte geistige Oberhaupt der jüdischen Gemeinde von Oswiecim, jener polnischen Stadt, die heute unter ihrem deutschen Namen »Auschwitz« weltberühmt ist. »Auschwitz« ist das Synonym für die höllische Vernichtungsmaschinerie des nationalsozialistischen Regimes schlechthin. Der Onkel von Rita scheint mit seiner Gattin und seinen beiden wunderschönen Töchtern auf den Lagerlisten unter den Vernichteten aber nicht einmal auf. Hitlers Schergen haben ihn nicht einfach von der Stadt Auschwitz herüber ins abseits gelegene Konzentrationslager verlegt, sondern irgendwohin deportiert. Seine Spur hat sich verloren.

Der jüngere Bruder von Ritas Mutter, Moses Rosen, ist bereits seit 40 Jahren Oberrabbiner von Rumänien. Er hat die Verfolgungen mit seinen Eltern in einem rumänischen Lager überlebt und gilt als einer der bedeutendsten geistigen Führer des Judentums in diesem Jahrhundert.

Eine Schwester der Mutter, die in Lemberg in eine große Kaufmannsfamilie eingeheiratet hatte, ist mit ihrem Mann und Kind gleichfalls »verschollen«, was so viel wie »vernichtet« bedeutet.

Ritas Eltern lernten sich in Wien bei gemeinsamen Verwandten kennen. Der Vater, Isak Koch, war bereits 48 Jahre alt. Er hatte in Wien und Czernowitz Architektur studiert. Seine Karriere als Architekt säumen zahlreiche sakrale und profane Bauwerke in Ungarn, der Tsche-

choslowakei und der Bukowina – in den Ländern der Donaumonarchie eben. Ab 1908 hat er als gebürtiger Altösterreicher ständig in Wien gelebt und sich eine eigene Baufirma aufgebaut. Der Beruf war seit mehreren Generationen in seiner Familie weitervererbt worden. Auch nach dem Ersten Weltkrieg ist er in Wien geblieben, obwohl es in der schlechten Wirtschaftsperiode der zwanziger und dreißiger Jahre in Wien nicht viel zu bauen gab und obwohl seine zwei Brüder und eine Schwester, die als eine der ersten Frauen an der Wiener Universität in Medizin promoviert hatte, samt ihren Eltern nach Amerika ausgewandert waren und ihn wiederholt aufgefordert hatten, es ihnen doch gleichzutun. In Amerika herrsche an großen Baumeistern jede Menge Bedarf.
Doch Ing. Isak Koch blieb in seinem geliebten Wien, lebte als Junggeselle bei seinen gleichfalls in Wien verbliebenen Schwestern und trieb doch immer wieder für seine Firma schöne Bauaufträge auf. Erst 1930 heiratete er das begabte Mädchen Lea Rosen, das 1926 aus Lemberg nach Wien gekommen war. Lea, die mit den deutschen Klassikern aufgewachsen war, hatte das hebräische Lehrerseminar absolviert und in ihrem unbändigen Wissensdrang alles gelernt, was junge Mädchen aus gutem jüdischen Haus damals, vom Mandolinenspiel bis zur Stenographie, alles lernen konnten, deren Erziehung sich zwar in religiöser, aber liberal aufgeschlossener Tradition gestaltete. Die Perfektionierung in weltlicher Bildung und Kultur ist in dieser Gelehrtenfamilie stets mit der Perfektionierung im Geistigen Hand in Hand gegangen.
Zu Beginn ihrer Ehe lebten Lea und Isak Koch im IX. Bezirk, ihre Tochter Rita kommt dort als ein »Kind vom Alsergrund« im Februar 1931 zur Welt. Ihre erste Erinnerung hatte Rita dann schon in einer zweiten Wohnung des Ehepaares, eine Erinnerung des noch nicht ganz drei Jahre alten Mädchens, die ihr aber für die Zukunft kein

gutes Omen verhieß. Es war im Februar 1934, die Familie lebte damals in der Traunfelsgasse, im XX. Bezirk, als Rita in der Wohnung ihrer Nachbarn, bei denen sie gerne spielte, aus dem Fenster sah. Es war Nachmittag, aber noch früh genug, so daß die Geschäfte zuerst noch alle offen waren. Dann aber entstand plötzlich auf der Straße eine für das kleine Kind völlig ungewöhnliche Bewegung. Alles strömte aus den Häusern in die Läden, die früher als sonst zugesperrt wurden. Als nächstes sah Rita noch am selben Abend ihren Vater mit einer Petroleumlampe vom Dachboden kommen, die dann für einige Zeit im Wohnzimmer statt des elektrischen Lichtes brannte. Mit einem »Generalstreik« hatten die Arbeiter der Wiener Elektrizitätswerke die Stadt in Dunkelheit gehüllt. Es war der Auftakt des später als »Bürgerkrieg von 1934« in die österreichische Geschichte eingegangenen offenen Kampfes zwischen den beiden Lagern, den Christlich-Sozialen und den Sozialdemokraten.

Dieser Bürgerkrieg dauerte zwar nur kurz, Rita hat als Kind in dieser Stadt aber auch in den folgenden Jahren immer den Eindruck von ständigen politischen Spannungen gehabt. Nie wieder ist ihr das Alltagsleben wirklich fröhlich vorgekommen. Was sie jedoch wegen der Liebe und Harmonie, die in ihrem Elternhaus herrschte, nicht weiter störte.

Den »Anschluß« hat Rita schon in ihrer neuen Wohnung in der Rotensterngasse im II. Bezirk miterlebt. Dort hatte der Vater ein kleines Biedermeierpalais gefunden und renoviert, in dem sie dann mit anderen Parteien seit 1935 wohnten. Nach dem Kindergarten ist Rita 1938 auch in die erste Klasse der Volksschule der Israelitischen Kultusgemeinde von Wien in der Castellezgasse im II. Bezirk, neben dem großen Augarten, gegangen. Von den Bosheiten und Belästigungen, die jüdischen Kindern damals in den meisten öffentlichen Schulen widerfuhren, ist Rita

verschont geblieben, da in ihrer Schule nur jüdische Kinder unterrichtet wurden und die Lehrer versuchten, den Unterricht auch nach dem »Anschluß« möglichst normal und ohne Rücksicht auf den rundherum gegen Juden zunehmenden Terror zu gestalten.
Freilich bekamen auch die Kinder davon schon einiges mit. »Razzia« war eines der ersten Vokabel, das ab nun zu Ritas neuem Wortschatz gehörte. Ständig war nun um sie herum von »Razzia« die Rede, in die zunehmend auch Menschen verstrickt waren, die Rita kannte. Hat sie wieder einmal das Wort »Razzia« gehört, dann war das nächste, daß sich ihre Mutter auf den Weg machte. Immer wieder gelang es der Mutter, unerschrocken und couragiert, Verwandte und Bekannte aus den Polizeigefängnissen in der Rossauer Kaserne oder in der Karajangasse freizubekommen, einmal war auch eine Schwester der Mutter darunter. »Ich kann doch nicht einfach zu Hause sitzen und zusehen, wie Menschen geschunden und eingesperrt werden«, sagte die Mama jedesmal. Rita weiß heute, daß es ihrer Mutter nachweislich in mehreren Fällen gelungen ist, Verwandte aus den Gefängnissen herauszuholen, auch Menschen, deren Abtransport nach Dachau bereits beschlossen war. Wieso der mutigen Frau dies glücken konnte? Rita hat die Frage hinterher, als das Ausmaß dieser Zivilcourage in seiner ganzen Größe zu ermessen war, oft ihrer Mutter gestellt. Die Antwort der Mutter: »Das war gar nichts Besonderes. Ich bin dabei eben immer auf Personen gestoßen, die menschlich waren und halfen. Solche hat es auch gegeben!«
Auch ihren eigenen Mann konnte sie auf diesem Wege aus dem Gefängnis retten, und zwar gleichfalls zu einem Zeitpunkt, da seine Deportation nach Dachau schon in der Luft lag. Der Weg von der Haft ins KZ war von Anfang vorgezeichnet und kaum zu verhindern.
Dabei war der Vater nicht einmal »aus rassischen Grün-

den« ins Gefängnis gekommen, sondern durch Anzeige eines seiner Kunden. Ein Fabriksbesitzer im XVI. Bezirk, dessen Betrieb Ingenieur Koch umgebaut hatte, war ihm das gesamte Geld dafür schuldig. Vorbeugend, um der Klage des Vaters zuvorzukommen, hat ihn der Kunde nun geklagt, säumig gewesen zu sein, die Arbeiten nicht richtig ausgeführt zu haben und dergleichen Behauptung mehr. Es war damals leicht, einen Juden hinter Gitter zu bringen, der Willkür waren Tür und Tor geöffnet, ihre Verhaftung – egal unter welchen Umständen – lag im Interesse der Obrigkeit. Ingenieur Koch wurde ins Landesgericht eingeliefert. Wieder macht sich die Mutter auf die Suche, redet, bettelt und überzeugt die »Ordnungshüter«. Der leitende Beamte sagte ihr, sie möge am nächsten Tag wiederkommen, er werde sich die Akte noch einmal ansehen. Am nächsten Tag ist Lea Koch wiedergekommen. Der Beamte war nicht da, für Lea Koch stellte sich nun aber seine Schreibkraft als der gute Geist dar. Sie war es, erzählte die Mutter nachher, »die ein Herz hatte, um einen verfolgten Menschen vor dem Schlimmsten zu bewahren«: Die Sekretärin habe die Akte so bearbeitet, daß der Vater am dritten Tag entlassen werden konnte.
Überhaupt hat Frau Koch nicht im Traum daran gedacht, sich ihren gewohnten Lebensrhythmus durch neue Verbote und Schikanen stören zu lassen. Als das Tragen von weißen Stutzen und Trachten für Juden verboten wurde, hat Lea sich und ihrer Tochter wie selbstverständlich weiterhin weiße Stutzen und Dirndln angezogen. Als das Ausgehen immer gefährlicher wurde, ist Frau Koch mit ihrer Tochter wie selbstverständlich weiterhin im nahen Prater spazieren gegangen. Täglich drei Stunden nach der Schule, denn auf frische Luft für das Kind legte sie großen Wert.
Auf ihrem Rückweg aus der Prater-Hauptallee sind sie dann manchesmal durch den Heinepark gegangen, einen

kleinen Park, dort wo heute Prater- und Heinestraße in einem rasanten Kreisverkehr zusammentreffen. Da ist Rita etwas aufgefallen, woraus der jüdische Dichter Heinrich Heine mit Sicherheit ein beißendes Spottgedicht auf seine deutschen Mitbürger gemacht hätte, wenn er es gesehen hätte: Es gab viele Bänke in diesem Park, alle vollbesetzt in den schönen Jahreszeiten. Nur auf eine hätte sich nie jemand hingesetzt, denn sie war völlig unter üppig herabhängenden Baumzweigen versteckt, auf denen Hunderte Vögel zwitscherten. Diese Bank unter dem Baum blieb eigentlich den Vögeln vorbehalten, dort tummelten sie sich, und ständig war diese Sitzgelegenheit mit Vogelmist über und über bekleckert.

Als Rita in diesem Frühjahr 1938 an ihr vorüberkam, fand sie die Aufschrift: »Nur für Juden« darauf angebracht. Auf allen anderen Parkbänken aber stand »Nur für Arier«. Diese Kränkung verstand sogar die Siebenjährige, und zur Mutter sagte sie: »Schau, Mama, uns haben sie nur die Bank übrig gelassen, auf der man ohnehin nicht sitzen kann.«

War es Glück oder war es die Unerschrockenheit der 39jährigen Mutter, daß Rita heute nach allem sagen kann, daß sie beide persönlich nie Beleidigungen, Verspottungen, Quälereien, Demütigungen oder gar Prügeln ausgesetzt waren? Eines Abends am Kai des Donaukanals ging sie mit ihren Eltern gerade vorbei, als Hitlerjungen mit Schlagstöcken wild auf die jüdischen Passanten eindroschen. Heute käme jeder einzelne als Rowdy vor das Jugendgericht, damals aber verübten gerade diese außer Kontrolle geratenen Jugendlichen den gesetzlich erlaubten und von einem Teil der Öffentlichkeit sogar gutgeheißenen Straßenterror.

»Schnell weg, nur schnell weg«, sagten die Eltern zu Rita. So konnten sie einem persönlichen Angriff rechtzeitig entkommen. Es muß aber auch in der Kraft und Courage von Ritas Mutter eine besondere Ausstrahlung gelegen haben, denn sonst wäre es nicht möglich gewesen, daß bei den seit der Kristallnacht anhaltenden Überfällen auf jüdische Wohnungen jüdische Nachbarn immer in der Wohnung der Kochs Zuflucht suchten. »Wieso kommen Sie zu mir? Wieso soll es bei uns sicherer sein als bei Ihnen?« fragte dann Frau Koch ihre verstörten, verzweifelten Freunde. »Weil Ihnen nichts passiert«, war die – leider fälschliche – Meinung der Umgebung.

Tatsächlich aber haben Isak und Lea Koch sofort nach dem Anschluß ans Weggehen aus dieser ihrer Stadt denken müssen, der sie beide zutiefst verbunden waren. Der Vater hätte ja schon viel früher weggehen können, in New York wäre er längst – wie seine Brüder – ein wohlhabender Mann geworden. Doch er liebte seine Stammkaffeehäuser, wohin er jeden Abend zum Schachspiel ging, seine Freunde und seine Arbeit hier und dachte am allerwenigsten ans Fortgehen, bis das Wort »emigrieren« auch in der Familie Koch von Tag zu Tag zum immer festeren Bestandteil des Alltags wurde. Rita lernte es als nächstes neues Vokabel der Nazizeit kennen.

Wohin emigrieren? Nach Amerika, also zu den Eltern und Geschwistern des Vaters. Der ältere Bruder schickte ein »Affidavit«, eine Garantieerklärung, die die Voraussetzung für ein amerikanisches Visum war. Jeden Tag lebte man trotzdem in Angst und Sorge.

Um ausreisen zu können, benötigte man einen Paß. Um diesen Paß zu bekommen, war eine »Steuerunbedenklichkeitsbescheinigung« nötig, die ausweisen sollte, daß der Ausreisende dem Staat keine Steuern schuldete. Das war für den damaligen Staat eine gute Gelegenheit, aus den verfolgten Juden Geld herauszupressen. Es war ganz leicht und wurde auch im Falle der Familie Koch mit Erfolg bewerkstelligt. Das Finanzamt stellte die Behauptung auf, daß Ing. Koch noch sehr viel Gewerbe- und Einkommensteuer nachzuzahlen hatte. Ein Beamter der Gewerbesteuerbehörde hat Frau Koch eines Tages, als sie bei ihm war, gewarnt: »Passen Sie auf, Frau Ingenieur. Man wird Ihnen alles wegnehmen, schaffen Sie zur Seite, was geht.« Das war wieder so ein Mensch, der das Spiel der Verfolger nicht mitspielte. Frau Koch hat ihn später nie mehr im Amt wiedergesehen. Sie machte sich Gedanken um ihn, ob er vielleicht seine »verräterische« Menschlichkeit selbst noch irgendwann einmal büßen mußte. Die »Gewerbesteuer-Unbedenklichkeit« hatte sie aber vorher noch von ihm bestätigt erhalten.

Nicht so die von seinem Kollegen aus der Einkommensteuerbehörde. Der stellte eine derart hohe Nachzahlungsforderung zusammen, daß Ritas Eltern gezwungen waren, alles zu verkaufen, was sie besaßen.

Auf die Warnung des unbekannten Gewerbesteuerbeamten hin hatte Frau Koch noch schnell einige Bettwäsche, Bücher, einiges Geschirr und Porzellan in Koffer verpackt und voraus nach Amerika geschickt. Es war nicht viel. Denn was verpackt man denn schnell und insgeheim, wenn die Vollstreckungsbeamten schon vor der Tür stehen?

Die »Steuerschuldner« konnten keinesfalls den Verkauf ihrer Wertgegenstände und Möbel, der zur Tilgung ihrer »Schuld« notwendig geworden war, selbständig durchführen. Es kam nun jeden Tag ein Steuerbeamter in die Wohnung, der die Käufer gleich selbst mitbrachte. Vielleicht waren diese auch durch einen Anschlag im Finanzamt aufmerksam geworden, daß in der Wohnung von Herrn Ing. Koch Einrichtungsgegenstände billig zu haben waren. Jedenfalls standen nun, wie Rita mit Entsetzen verfolgte, tagtäglich wildfremde Menschen in der Wohnung, die sich ohne zu fragen nahmen, was sie brauchten.

Der Finanzbeamte legt sodann den Wert des gewünschten Gegenstandes fest, und der »Käufer« hatte den Preis unmittelbar an den Finanzbeamten zu bezahlen. Die Kochs mußten dem Treiben ohnmächtig zusehen. Man kann sich eine Szene vorstellen, die einem Ödon von Horváth für eines seiner schwarz-humorigen Dramen über das Wien der dreißiger Jahre als Vorlage gedient haben könnte: Biedere Hausfrauen mit Einkaufstasche, Schürze und Kopftuch über den Lockenwicklern fallen in eine fremde großbürgerliche Wohnung ein, aus der sie sich nun zum Spottpreis nehmen können, was ihnen in die Augen sticht. Alles wurde dabei fortgetragen. Die Salonmöbel, die Kästen, die Ehebetten, die Küchenmöbel, die Kochtöpfe. Rita war dabei, als diese Fremden sogar das Linoleum vom Küchenboden abhoben und mit sich nahmen. In ihrer kindlichen Logik hat sie sich noch lange danach gefragt, wohin die Leute dieses eigens für ihre Küche zugeschnittene Stück Bodenbelag denn genommen haben könnten. Wohin um alles in der Welt würde dieser fortgerissene Bodenbelag denn noch passen?

Über diese praktischen Überlegungen hinaus war es der Achtjährigen durch diese Begebenheit klar geworden, daß ihr der Boden unter den Füßen weggezogen wurde. Ihr war, als könne sie ab nun auf nichts Festem, Haltbarem mehr stehen. Sie fühlte sich beraubt und gedemütigt. Selbst wenn es der Mutter gelang, bei Freunden und Verwandten alte Betten und Kochgeschirr zu borgen, so mußten sie ab nun in einer ausgeräumten Wohnung weiterleben. Sie warteten ja noch immer auf ihre Pässe.

Es war mittlerweile Frühjahr 1939 geworden. Den Amerikanern war das für Tausende auswanderungsbereite Juden verhängnisvolle »Quotensystem« eingefallen, das heißt, daß sie sie nur in bestimmten Mengen, aufgeteilt nach ihren Geburtsländern, einreisen ließen.

Das Verhängnisvolle, für zahlreiche Juden sogar Tödliche an diesem Quotensystem war, daß es die Geburtsländer der Auswandernden nach der Geographie des Jahres 1938 festlegte. Das heißt: Isak Koch, der in der Monarchie in der Bukowina geboren und zeitlebens österreichischer Staatsbürger war, wurde plötzlich zum Rumänen, weil die Bukowina 1938 zu Rumänien und nicht mehr zu Österreich gehörte.

Als Rumäne fiel der Vater unter die »Quote« der Flüchtlinge, die in Amerika erst fünf Jahre ab Ansuchen einreisen durften. Dasselbe galt für die Mutter von Rita, die als Altösterreicherin in einem Städtchen in der Nähe von Lemberg geboren war. Nach den Grenzen von 1938 war sie »Polin«. Gemäß der »Quote« für Polen war mindestens drei Jahre auf die Einreise in die USA zu warten.

Aus war der Traum der Familie Koch, zu ihren Verwandten nach New York kommen zu können.

Als die Grenzen der USA für Isak Koch und die Seinen geschlossen wurden, sandte der Bruder aus New York noch Schiffskarten für eine Ausreise nach Kuba. Es fuhren aber bald keine Schiffe mehr aus den deutschen Häfen in die westliche Hemisphäre, also kam die Familie Koch auch nicht nach Kuba.

Sie saß fest in Wien. Wären sie tatsächlich Rumänen oder Polen gewesen, hätten sie diese Länder aufgenommen, wiewohl sie dann – vor allem in Polen – von der Traufe nur noch schlimmer in den Regen gekommen wären. Zahlreiche Juden in Wien, die ihre polnische Staatsbürgerschaft noch besaßen, sind ja sofort nach dem Anschluß entweder freiwillig oder gezwungenermaßen in ihre Heimat zurückgegangen – damit allerdings dann direkt in ein deutsches Vernichtungslager. Ihr Glück also, aus Österreich in ein Heimatland zurückgehen zu können, erwies sich im nachhinein als ihr Todesurteil.

Das Unglück der Familie Koch, als in der Monarchie geborene Altösterreicher, in kein »Heimatland« außerhalb von Österreich flüchten zu können, hat sich im nachhinein als ihr »Glück« erwiesen. Rita: »Damals konnte ja kei-

ner ahnen, daß Hitler ganz Europa unter seine Kontrolle bringen würde.«
Im Roulette der Gerüchtebörse erfuhren sie, daß vielleicht noch ein Fluchtweg nach Italien offen sei. Tatsächlich nahm Mussolinis faschistischer Staat, obwohl mit Hitler-Deutschland verbündet, bis zum Kriegseintritt Italiens jüdische Flüchtlinge auf, unter der Bedingung, daß genügend Geld für die Einwandernden im Land hinterlegt werde, um dem Staat nicht zu Last zu fallen, und daß man den Aufenthalt in Italien nur zum »Transit«, für die Weiterreise nach Übersee, nehme.
Der Vater hatte mittlerweile aber kein Geld mehr. Da überwies sein Bruder aus New York die notwendige Summe für ihn an die italienische Nationalbank. Die Bestätigung, daß das Geld angekommen sei, traf im Mai 1939 in Wien ein. Es war höchste Zeit, Wien zu verlassen. Doch immer noch sträubte sich der Österreicher Isak Koch. »Zu die Katzlmacher soll i fahrn, zu die Katzlmacher?« Er war noch beeinflußt von der historisch bedingten Abneigung gegen die italienischen Nachbarn, die 1915 der kriegführenden Monarchie Österreich–Ungarn in den Rücken gefallen waren. Doch es half nichts. Schließlich mußte er zu den »Katzlmachern« emigrieren. Kommentar der Tochter: »Und froh konnte er sein, daß sie ihn genommen haben.«
Grund zum Frohsein hatte in diesem Frühling 1939 in Wirklichkeit aber keiner. Zu dritt wanderten sie, Vater, Mutter und Tochter, mit nur einem einzigen Koffer am 29. Juni zum Wiener Südbahnhof. Rita war mit einem Abschlußzeugnis der zweiten Klasse aus der Schule entlassen worden.
Auf ihrem Weg zum Bahnhof, auf dem sie – gefährlich genug – auch noch ein Freund des Vaters begleitete, haben sie nicht viel gesprochen. Bedrückt, traurig und einsam wie Verfemte warteten sie in der Halle auf

ihren Zug. Nur Rita, dem Kind, war es gestattet, sich da endlich aus allen inneren Ängsten, Bedrückungen und Spannungen zu befreien. Als irgendwo eine Lokomotive schrill und erschreckend einen langen Pfiff losließ, war das für das überforderte Kind wie ein Signal. Aus Rita brach wie ein Echo ein lauter und verzweifelter Weinkrampf heraus. Sie konnte nicht wie ihre Eltern beherrschte Haltung bewahren, sie ließ ihrem Innersten und all den aufgestauten Emotionen in einer Flut von Tränen freien Lauf. Keiner konnte sie trösten. Sie heulte weiter, sie konnte sich auch im Abteil nicht beruhigen. Sie hat gehört, daß der Schaffner ihren Eltern versprach, darauf zu achten, daß sie im Abteil allein bleiben könnten. Er hat die Vorhänge zugezogen und die Türe zugemacht. Das immer noch weinende Mädchen wurde inmitten des Abteils auf den Koffer gelegt. Nur im Schlaf würde es sich beruhigen. Als die Achtjährige schon halb im Einschlafen war, hat sie bemerkt, daß der Schaffner noch einmal bei der Tür hereinkam und sie mit seinem Mantel zudeckte. Ritas letzte Erinnerungen an Wien: Ihr unbeherrschbarer Weinkrampf und ein Schaffner, der lieb zu ihr war.

Schlafend passierte sie die Grenze in den Süden, am nächsten Abend war sie in Mailand, der ersten Station ihrer an Stationen reichen Fluchtodyssee, deren Ziel damals keiner von ihnen kannte. Nur soviel: Nach Amerika, wo Vaters Eltern und Geschwister und auch ein paar Koffer auf sie warteten, sind sie nie gekommen.

Mailand also. Sie kannten weder die Sprache, noch hatten sie Freunde in dieser fremden Stadt. Nur »vom Hörensagen« kannten sie die Schwägerin einer guten Bekannten aus Wien. Von dieser lange in Italien ansässigen Dame erfuhren sie von einer Pension »Villa Flora«, in der damals schon zahlreiche Emigranten lebten. Dorthin zogen also

auch sie. Zu dritt lebten sie nun an diesem Zufluchtsort in einem kleinen Zimmer.
Doch schlagartig hat sich für Rita in diesem Haus im Süden die Welt in einen fröhlichen Garten voll Freude, voll Wärme, voll Blumen und Gesang verwandelt. In Wien waren sie zwar wohlhabend gewesen, und hier mußten sie sehr sparsam von Onkels Geld leben, erst hier aber hat sich für Rita die Welt in eine echte bunte Kinderwelt verwandelt, nach der sie sich lange gesehnt hatte: ein Garten war um die Villa, Spielgefährten waren da, die Italiener sangen bei allen Gelegenheiten, als wandernde Musikanten auf den Straßen, aber auch zu Hause, in den Geschäften, bei jeder Arbeit wurde immer geträllert und gesungen. Den musischen Seelen von Rita und ihrer Mutter kam dieser sonnige, gesellige Frohsinn des Südens sehr entgegen. Jetzt erst merkten sie, was ihrem Gemüt in Wien alles gefehlt hatte. In Windeseile lernten sie Italienisch. Nur der Vater fühlte sich fremd und einsam und weigerte sich, die »Katzlmachersprache« zu lernen. Die weiblichen Familienmitglieder aber lebten auf, lebten sich ein, wurden im Nu zu großen Liebhaberinnen von Mailand und von »La bella Italia«.
Der Duce war zwar ein Verbündeter Hitlers, hatte in seinem Land aber die diskriminierenden Nürnberger Rassengesetze nur »schlampig« eingeführt. Niemand wurde schikaniert und auf offener Straße verfolgt wie in Wien. Die jüdischen Kinder wurden alle in einer einzigen Schule nachmittags unterrichtet. Rita kam auch in diese große Schule im Zentrum von Milano, in der Via della Spiga, wohin sie ab Herbst 1939 täglich zu Fuß durch Parkanlagen und Geschäftsstraßen wanderte – ideal für Ritas Mutter, die darin die Wiederaufnahme ihrer sportlichen Praterwanderungen in Wien erblickte.
Immer noch hielt Ritas Mutter, soweit es in den beengten Verhältnissen ging, die traditionell jüdischen Lebensbräu-

che ein, etwa wenn sie nur in ein koscheres Restaurant essen gingen oder versuchten, die Sabbatruhe einzuhalten. Rita konnte sich in die entspannte Freundlichkeit so rasch einleben, daß sie die erste Klassse, in die sie wegen der fehlenden Sprachkenntnisse versetzt wurde, bald überspringen durfte. Schon im Frühjahr 1940 konnte sie in der ihr gemäßen dritten Klasse weiterlernen, wo sie nun sehr gut mitkam, die Lehrerin mochte und mit ihrem neuen Leben rundherum glücklich war. Mailand ist ihr in kürzester Zeit zur liebsten Stadt der Welt geworden, sie hat in der Villa Flora eine fast gleichaltrige Freundin gefunden, hat bald für alle Emigranten der Pension gedolmetscht, alle kannten sie als Liebling des Hauses. Sie fühlte sich sehr wohl dabei und hätte für immer hier bleiben wollen.
Doch es durfte nicht so sein. Im Frühjahr 1940 fielen die Schatten des Krieges auf diese sonnige Stadt. Kurz nachdem Hitler Frankreich überfiel, haben französische Flieger noch Hitlers Verbündeten, Italien, das sich dem Krieg angeschlossen hatte, bombardiert. Seit Kriegsbeginn wurden Bomben auf Oberitalien und besonders auf Mailand abgeworfen, unentwegt heulten Alarmsirenen, auch die Bewohner der Pension mußten jede Nacht in den Keller. Die Mutter rief nervös und besorgt nach Rita, die aber lieber vom Dach aus den Bombenwürfen und den Bränden zusah, als mit den Erwachsenen im Keller eingesperrt auf die Entwarnung zu warten.
Mit Kriegseintritt Italiens im Juni 1940 begann nun auch Mussolini, gegen Juden mit strengeren Maßnahmen vorzugehen. Die erste Verordnung – offenbar fällt allen Diktatoren doch nur dasselbe ein – bestand darin, die jüdischen Männer einzusperren. Für 21 Tage kommt Architekt und Stadtbaumeister Isak Koch ins gefürchtete unhygienische, grauenvoll mittelalterliche Stadtgefängnis San Vittore in Mailand, ein Ort, der selbst Schwerverbrechern in der Mitte des 20. Jahrhunderts nicht mehr zugemutet werden konnte.

Ihn zu besuchen war strengstens verboten. Frau Koch geht dennoch zusammen mit Rita jeden Morgen zur Quästur, der Polizeidirektion von Mailand, mit der Bitte um Gewährung eines Besucherscheines, um ihm etwas zu essen, Wasch- und Rasierzeug zu bringen. Rita hat mit den Schreibtischpolizisten schon Freundschaft geschlossen und so fließend und herzlich geplaudert, daß sie ihr und ihrer Mutter immer das »permesso« zum Besuch gaben, trotz aller Vorschriften.

Die Italiener waren zutiefst human, solidarisch und ohne Vorurteile. Negative Gefühle gegenüber Juden waren im Volk überhaupt nicht vorhanden. Daher hatten alle Beamten Mitleid mit diesen unschuldigen Inhaftierten. Rita hat allen, die sie später auf ihrem eigenen langen Weg durch das italienische Exil kennenlernte, angemerkt, daß sie über diese willkürlichen Familientrennungen, Verschickungen, Absonderungen zutiefst unglücklich waren. Daß ein Vater von seiner Frau und seinen Kindern weggerissen wurde, verstanden sie in ihren kinder- und familienliebenden Herzen nie. Die jüdischen Männer wurden dann aus dem Gefängnis in Mailand weit weg in ein kleines Dorf in der Provinz Campobasso verschickt. Einige Monate später kam ihr Vater dann in ein »Lager« in einer leeren landwirtschaftlichen Schule in der Nähe des Dorfes Alberobello bei Bari, das wegen seiner steinernen Trulli-Rundbauten weltberühmt ist. Damals aber war der ganze italienische Süden, von Florenz abwärts, sehr, sehr arm und rückständig.

Vor Weihnachten 1940 hat Lea Koch – unerschrocken wie immer – bei den Behörden angesucht, ihren Mann in diesem damals unendlich weit entfernten südlichen Nest besuchen zu dürfen. Sie bekam für sich und Rita die Erlaubnis. Zwei Tage dauerte die Bahnfahrt Mailand–Bari. Sie wurde für Rita und ihre Mutter zum unvergessenen Schrecken. Die gesamte Bahnfahrt verlief unter Bombardements englischer Kampfflieger. Ununterbrochen mußte

der Zug anhalten. Die Passagiere mußten raus aus den Waggons, die Böschung hinunter, um sich zu schützen, dann wieder zurück in den Zug, und dies wiederholte sich etliche Male, besonders nachts.
In Bari allerdings erwartete sie der schönste Feiertagsfrieden. Auf dem Bahnsteig waren zu ihrer Begrüßung gekommen: Der Maresciallo dei Carabinieri von Alberobello, vergleichbar dem Polizeidirektor, mit seiner ganzen Familie. Selbst Papa war da. Nur die Musikkapelle fehlte, und die liebliche Szene wäre das Ebenbild einer friedlichen Dorfidylle gewesen. Auch der Maresciallo war kein Freund der ihm unverständlichen Familientrennungen. Häftling Koch erhielt selbstverständlich die Genehmigung, bei Frau und Kind im Hotel zu wohnen, wo der Maresciallo persönlich ein schönes Zimmer für sie bestellt hatte. »Wenn die Frau kommt, kann er doch nicht im Lager bleiben« – war seine strikte Überzeugung.
Schon am nächsten Tag feierten sie alle zusammen im »Lager« Weihnachten. Rita und ihre Mutter waren die Ehrengäste. Papa saß neben dem Maresciallo, große Reden wurden gehalten. Auf »die Liebe«, »die Freundschaft«, den gegenseitigen Respekt wurde getrunken, insgesamt auf die Hoffnung. Wenn es nach ihm ginge, fügte der Maresciallo hinzu, wäre ja keiner der Männer hier interniert, aber so sei das nun einmal, und man müßte versuchen, das Beste daraus zu machen und das Leid auf ein Minimum zu beschränken.
Zwei Wochen hindurch wurden Rita und ihre Eltern von einer Feier zur anderen gereicht. Längst war ihr Vater von seinen Antipathien gegen die »Katzlmacher« geheilt. Außer »Buon giorno« hat er zwar nicht viel Italienisch gelernt in dieser verfallenen Gartenbauschule, in der sie alle zum Nichtstun verdammt waren. Sie waren ihrer Freiheit beraubt, bei unnatürlichem Müßiggang, ihre menschliche Würde wurde ihnen aber bewahrt.

Die 2-Tage-Rückfahrt nach Mailand haben Rita und ihre Mutter, traurig und voll Abschiedsschmerz und ängstlich vor der Zukunft angetreten. Als sie am 8. Januar wieder zurück in der Pension »Villa Flora« waren, wartete eine Vorladung auf die Polizeidirektion von Mailand in ihrem Zimmer auf sie.
Am nächsten Morgen ging Frau Koch dorthin und erfuhr: »Am 14. Januar 1941 werden Sie und Ihre Tochter in ein Dorf in der Provinz von Cosenza abtransportiert.« Dies lag noch viel südlicher als Bari, von wo sie eben auf der unendlich langen Bahnfahrt in den Norden zurückgekommen waren. Galt schon Alberobello als das Ende der zivilisierten Welt, so klang das noch viel ärmere und unterentwickelte Calabrien, in das sie nun kommen sollten, überhaupt nur nach Wildnis und Banditen.
Wieder wurde Rita aus einer Schulklasse, in der sie sich wohlgefühlt hatte, vorzeitig ausgeschieden, wieder galt es, den kleinen Koffer zu packen und viele Fragen zu beantworten, auf die sie selbst keine Antwort hatten: »Wieso gerade wir?« Die unzureichende Erklärung darauf lautete: Indem sie um den Besuch des Vaters angesucht hatten, hätten sie die Behörden auf sich aufmerksam gemacht. Das war ihr »Vergehen«, denn damals wurden Frauen und Kinder noch selten in die Verbannung geschickt. Alle Bekannten weinten beim Abschied. »Frau Koch, was werden Sie machen dort unten, so allein mit dem Kind?« Die mittlerweile 40 Jahre alte Frau Koch bewies aber wieder ihre hervorragende Haltung, Willensstärke und Anpassungsfähigkeit: »Warum soll ich verzagen? Es bleibt mir doch nichts anderes übrig, als mich zu fügen«, war ihr Standpunkt. Wie ihr wirklich zumute war, hat sie keinem gezeigt, am wenigsten ihrer kleinen Tochter. Für diese wurde dieses nochmalige Herausgerissenwerden aus einer Umgebung und aus dem Freundeskreis, an denen sie so hing, zum persönlichen Trauma. Für sie

widersprach dieser abrupte gewaltsame Abschied von der Stadt, die sie liebte, jeglicher Logik. Ihre innersten Wünsche, hier Fuß zu fassen und für immer bleiben zu dürfen, wurden willkürlich enttäuscht und zur Seite geschoben. Sie konnte es nicht verstehen und nicht verzeihen, am Morgen des 14. Januar 1941 von einem Polizeibeamten abgeholt und zum Bahnhof gebracht zu werden. Nie mehr wollte sie zulassen, daß andere über ihr Leben bestimmten. Am Tag der gewaltsamen Trennung von Mailand war in Rita Koch die Rebellin geboren, die sich nie wieder gegen ihren Willen unterordnen würde.
Die letzte Erinnerung Ritas an die geliebte Stadt: Ihre Freundin Mirella, der sie mit Tränen in den Augen unaufhörlich aus dem Rückfenster des Polizeiautos, das sie fortbringt, zuwinkt. »Ich komme zurück zu dir«, flüsterte sie immer wieder. »Ich komme zurück.«
Nächste Station: Cosenza, eine kleine Bezirksstadt in Calabrien, mitten auf dem Rist des italienischen Stiefels. Es war tiefster Winter, als sie in Polizeibegleitung dort ankamen. Cosenza ist malerisch gelegen, inmitten eines Kessels von romantischen Bergen umgeben, im Westen die Ausläufer des Apennins, im Osten die Bergkette »La Sila«. Am nächsten Morgen, nach einer Nacht auf Strohsäcken in einem billigen Hotel, mußten sie in diese Sila hinauffahren. Ihr Ziel war das Bergdorf Celico, in 18 Kilometer Entfernung, 800 Meter über dem Meeresspiegel gelegen. Das Gebirgsbähnchen brauchte für die kurze, aber stetig in Serpentinen ansteigende Klettertour mehr als zweieinhalb Stunden. Teilweise fuhr es auf kleinen angelegten Terrassen, teilweise unter ebenso kleinen, in den Berg gesprengten Galerien. Wenn Rita nicht immer noch schweren Herzens, verbittert und verzagt Mailand nachgetrauert hätte, hätte sie diese verträumte Fahrt mit der Spielzeugeisenbahn in der schönen Landschaft genießen können.

In Celico angekommen, führt sie der Begleitpolizist noch weiter den Berg hinauf zum Gemeindeamt. Es war eiskalt an diesem Tag, der Nordwind blies heftig und grausam über die Dächer, überall lag gefrorener Schnee, die Steinbuckel auf der Straße waren eisglatt und rutschig, sie hatten alle drei Mühe, vom Bahnhof ins Dorf hinaufzukommen. Aber der Empfang war warm und herzlich. Ihr Polizist übergab sie dem gemütlichen, gütigen und tolpatschigen Gemeindesekretär. Der war sichtlich überfordert von einer für ihn völlig fremden und ungewöhnlichen Situation.

»Was soll ich mit der Frau und dem Kind machen?«

»Hierbehalten«, erklärte der Beamte aus Mailand. »Es sind Internierte.«

»Internierte?« fragte der Mann aus dem Süden. »Ich sehe doch nur eine Frau und ein Kind. Wo ist der Mann?«

»Der ist schon interniert, in einem Lager«, antwortete die Mutter.

Darauf der Gemeindesekretär: »So ein Unsinn, ein Mann gehört zu seiner Familie. Ich werde sofort mit Rom telefonieren, der Mann muß unverzüglich zu seiner Familie kommen!«

Sodann schickte er einen Gemeindediener los, um für die Familie Koch ein schönes Quartier zu finden. Er war offensichtlich vorher von seiner neuen Aufgabe, der Gefängniswärter internierter Zivilgefangener zu sein, nicht informiert worden. Allmählich aber kam auch in seinem Dorf, wie schon früher im ganz nahe liegenden Spezzano della Sila, eine kleine Kolonie willkürlich zusammengewürfelter Flüchtlinge zusammen: Juden aus Österreich, der Tschechoslowakei und Italien. Ob sie nun Emigranten waren, Internierte, Deportierte oder Verbannte, Rita wußte allmählich den Namen nicht mehr, den sie ihrer Entwurzelung und Heimatlosigkeit geben sollte. Dem guten Gemeindesekretär ist es dann wirklich gelungen, in mehreren Anfragen, Ansuchen und Telefonaten mit seiner »Zentrale«, Ritas Vater aus dem Internierungslager von Alberobello nach Celico zu bringen. Ab März 1941 war die Familie wieder beisammen. Sie lebten im ersten Stockwerk der schönsten Villa des Dorfes, unter Fresken und Stukkaturen. In den ebenerdigen Geschäftslokalen waren zwei Volksschulklassen untergebracht, aber als jüdisches Kind hatte Rita Schulverbot.

Rita war nun 10 Jahre alt und hätte weiter zur Schule gehen wollen. Aber sie durfte ja nicht. Wieder war sie fremd und allein. Die Gleichaltrigen der »besseren« Leute, wie etwa der Besitzer ihrer Villa, gingen in Cosenza in höhere Schulen, im Dorf gab es so gut wie keinen geordneten Unterricht. Wohl kamen im Gassenlokal ihres Hauses die Dorfkinder aller Altersstufen zusammen, es gab auch eine Lehrerin, aber die war schon zu Hause mit ihren eigenen Kindern überfordert. Diese Lehrerin, die bald herausbekam, daß Rita intelligenter und gebildeter als die übrigen Kinder war, bat sie täglich, auf ihre Zöglinge aufzupassen und mit ihnen zu üben, während sie rasch nach Hause zum Kochen lief. Rita spielte also eifrig Lehrerin, ohne selbst weiterlernen zu können.

Rita empfindet es als das »Elend der Kinder«, die überlebten und noch heute »späte Opfer des Holocaust« sind, daß sie um das gebracht wurden, was sie sonst gemäß ihrer Herkunft und ihrer Begabungen in ihrer Kindheit hätten erlernen können. Vor allem aber wurde ihnen das Erlebnis »Schule« und die Kindheit gestohlen: Kameradschaft, Fröhlichkeit, Herausforderung, sorglose Schwärmerei, das natürliche Heranwachsen haben sie nicht erleben dürfen. Abgesehen von dem, worum sie sich außerdem noch betrogen fühlt. Sie hat keinen Klavierunterricht erhalten, hat nie richtig Schwimmen gelernt, hat aufgehört, Fahrrad und Ski zu fahren, war nie mehr auf einem Eislaufplatz – alles, was sie in Wien noch wie jedes Kind

ihres sozialen Milieus begonnen hatte, wurde bei ihr abrupt zerstört und abgebrochen.
Die Mutter hat sie in humanistischen Fächern unterrichtet, ein tschechischer Mitinternierter in Mathematik, aber sonst war sie zum Müßiggang verdammt, worunter sie damals nicht besonders litt, da sie gerne richtig und intensiv mit der Natur verbunden und frei wie ein Wiesel war. Die Kenntnisse des Vaters ließ die freundliche Gemeindeverwaltung dagegen klugerweise trotz des Berufsverbots für Internierte nicht brachliegen. Bald nach seiner Ankunft erteilte sie dem »Architetto« den Auftrag, im Ort die Polizeikaserne zu erneuern. Auch Villen für die wohlhabenden Forstbesitzer in der Sila durfte er bauen – sie sind heute noch zu besichtigen. Isak Koch war wieder ganz in seinem Element und konnte auch das magere Familienbudget – täglich bekamen sie pro Kopf 6 Lire Verpflegungsgeld von der Regierung – aufbessern.
Rita fuhr mit dem Vater mit, um zu dolmetschen. Es waren willkommene Ausflüge in die Wälder der hohen Sila, oder sie spazierte mit den anderen Internierten und mit der wanderfreudigen Mutter durch die romantische Gegend um das Dorf. Diese friedliche, für Rita aber auch langweilige Bergidylle dauerte bis zum Frühjahr 1943. Dann holte sie der Krieg unerbittlich wieder ein. Die in Afrika geschlagenen deutschen Truppen zogen sich nach Sizilien und Süditalien zurück, hartnäckig und pausenlos verfolgt von englischen Fliegern. Von Cosenza kamen die deutschen Streitkräfte auf Lastwagen und Motorrädern bis in die umliegenden entlegensten Dörfer. Oberhalb von Celico, verborgen in den Wäldern, haben sie sogar noch ein Flugfeld gebaut, in der Absicht, den Feind – die alliierten Streitkräfte der Engländer und Amerikaner, die aus dem Mittelmeerraum her massiv angriffen – abwehren zu können.
Jeden Tag waren auf der Dorfstraße deutsche Wehr-

machtssoldaten zu treffen. Es hat zwar immer geheißen, daß nicht die Wehrmacht, sondern nur die sogenannte »Waffen-SS« Juden verfolge, verhafte, deportiere und liquidiere. Doch wer von den im Bergdorf Celico, Tausende Kilometer von Wien entfernt, festgehaltenen jüdischen Flüchtlingen konnte vorhersagen, was geschehen würde, wenn sie hier auf einen deutschen Soldaten trafen. War er nicht auf alle Fälle ihr Feind, wenn auch vielleicht nicht so gefährlich wie SS oder Gestapo?

Einmal stieß Rita sogar direkt auf einen von ihnen. Sie kam gerade vorbei, als einige Soldaten eine Wagenpanne reparierten. Eine Italienerin versuchte sich gestikulierend mit den Deutschen zu verständigen. Bis sie das Mädchen entdeckte. »Rita, komm her«, rief sie, »du kannst doch Deutsch!« War es gefährlicher, davonzurennen oder zu bleiben? Rita blieb, da sie schon entdeckt worden war. Obwohl erst zwölf, wußte sie, daß diese Begegnung für sie und alle Internierten lebensgefährlich sein könnte. So gab sie nur zögernd und in gebrochenem Deutsch mit falscher Satzstellung Auskunft. Schließlich fragte der Soldat doch, wie es komme, daß hier in der Gegend ein Kind herumläuft, daß so gut Deutsch spricht? Blitzschnell reagierte sie, und es fiel ihr eine treffliche Ausrede ein:

»Mein Vater Baumeister«, stammelte sie, »ich mit ihm in Südtirol gewesen, er viel dort bauen, ich ein bißchen Deutsch gelernt.«

Das Leben in der Wildnis der Berge hatte sie unerschrokken, schlagfertig, überlebenstüchtig gemacht. Der Soldat hat gelacht und es ihr geglaubt. Aber der Schrecken lag ihr noch lange in den Knochen.

Vom Auftauchen der deutschen Truppen im Jahr 1943 bis zur Landung der Alliierten im September wurde in Calabrien gekämpft, aber die Bevölkerung litt am meisten an Hungersnot und Bomben. Tage und Nächte lang haben englische Flieger über dem Sila-Massiv nach dem Flugfeld der Deutschen gesucht. Als sie es gefunden hatten, haben sie es zerbombt. Immer wieder ist etwas explodiert, flog etwas im Bergkessel rund um Cosenza in die Luft. Die Bewohner konnten nicht mehr in ihren Häusern bleiben, sondern haben sich in die Bahntunnels geflüchtet, durch die nun ohnehin die Bergbahn nicht mehr fuhr, da auch ihre Gleise zerstört worden waren. Doch Rita blieb nicht gern in diesem naßkalten Quartier, in den schmutzigen Berghöhlen. Sie ging lieber im Dorf unter freiem Himmel umher und hörte den Detonationen unten im Tal und rundum auf den Bergen zu. Was die Alliierten nicht zerbombten, wurde von den Deutschen gesprengt, während sie sich zurückzogen.

Allmählich gaben die Deutschen dann doch auf und zogen ab. Am 3. September 1943 landeten die Alliierten in Calabrien, fünf Tage später schlossen die Italiener ihren Separatfrieden mit ihnen. Schon im Juli, als Mussolini gestürzt worden war, wurde das nahe Kriegsende in den Bergen mit einem großen Freudenfest begangen. Besonders in Celico herrschten nun ununterbrochene Jubel-, Solidaritäts- und Verbrüderungsfeste.

Für die jüdischen Internierten in den Bergdörfern von Calabrien stellte sich nun aber die Frage: »Was wird jetzt aus uns?«

In der Familie Koch ergriff wieder die Mutter die Initiative und entschied, daß sie nunmehr in das Lager Ferramonti übersiedeln wollten, von dem sie gehört hatten, daß es 1940/1941 vierzig Kilometer nordwestlich von Cosenza errichtet worden war. Im Lauf der Zeit wurden dort in den 92 Baracken 2 000 Juden einquartiert. Es war ein richtiges Lager, mit gemeinsamer Ausspeisung und einem Stacheldrahtzaun rundherum. Die Aufseher haben aber keinen der Inhaftierten je gequält oder schikaniert. Als die Internierten im Bergdorf früher von diesem Lager Ferramonti hörten, haben sie sich nichts Ärgeres vorstellen

können, als dorthin verschickt zu werden. Jetzt aber, nachdem sie endlich befreit waren, entschied die unerschütterlich mutige und dynamische Frau Lea Koch, Rabbinertochter aus Lemberg und Architektengattin aus Wien, in dieses Lager gehen zu wollen: »Was aus 2 000 Juden wird, das wird auch aus uns werden.« Mit ihrer phantastischen Anpassungsfähigkeit und Flexibilität hat sich Ritas Mutter in das Geschick neuer Wanderschaft und Ungewißheit gefügt und in die schwierigen Lebensbedingungen im malariaverseuchten Ex-Lager Ferramonti.
Für Rita aber, die erdgebundener ist und überall, auch heute noch, zuerst die absolute Ordnung und Dauerhaftigkeit sucht, wurden solche Ortswechsel jedesmal zur inneren Tragödie. Wieder mußte sie Abschied nehmen von einer Umgebung, in der ihre Seele mittlerweile tiefe Wurzeln geschlagen hatte. Rita ist kein Mensch der Provisorien. Sosehr sie an Mailand gehangen ist und danach gestrebt hat, dorthin zurückzukehren – was sie immer noch wollte –, sosehr war sie in den fast drei Jahren aber auch schon mit der Erde, der Natur und den Menschen dieses calabresischen Bergdorfes verbunden. Jahre danach hat sie noch im calabresischen Dialekt dieser Menschen mit sich selber in Gedanken gesprochen. Sie hat immer fort wollen, aber als der Abschied kam, hat sie gemerkt, wie diese Landschaft, diese Erde und diese guten Menschen ein Teil von ihr selbst geworden waren.
Als sie in einer Oktobernacht mit einem Pferdewagen aus Celico wegfuhren, als die Pferdehufe klappernd und die Räder auf dem Asphalt ratternd die Stille durchbrachen, die Bäume rundherum hoch in den schwarzen Himmel ragten und zwischen ihnen der Vollmond hervorleuchtete, war sie wieder einmal unendlich traurig, verloren und einsam.
Nächste Station: Ferramonti. Das Schreckenslager von einst war nun das Tor der Hoffnung für sie geworden. In

Ferramonti hat für Rita und ihre Eltern ein neues Leben begonnen. Es war nun schon mehr Platz in den Baracken, viele Männer waren als Soldaten mit den Alliierten mitgezogen, neue Leute waren hinzugekommen. Es entwickelte sich eine Art Selbstverwaltung. Ein Lagerdirektor wurde gewählt, Schulen und Jugendklubs wurden eingerichtet. Endlich gab es für Rita auch wieder gleichaltrige Kameraden. Auch israelische Soldaten waren mit den Siegermächten mitgekommen, die sich nun vor allem um die Erziehung der Jugend bemühten. Von der zionistischen Aufbruchstimmung wurde nun auch Rita total ergriffen, sie war Feuer und Flamme für die Idee, nach Palästina zu gehen. Endlich ein Land, das den Juden gehört, endlich nicht mehr unerwünscht sein, endlich kein Flüchtling, Vertriebener, Heimatloser, Deportierter mehr sein – endlich ein eigenes Land finden und es aufbauen helfen. »Brüder, zur Sonne, zur Freiheit, Brüder, zum Lichte empor, stolz aus dunkler Vergangenheit, leuchtet die Zukunft hervor«, war ein sozialistisches Lied, das die Jugend im Konzentrationslager von Ferramonti sang. Viele solcher Aufbruchlieder wurden im befreiten Ferramonti gesungen, während Europa in Schutt und Asche fiel und die Juden total vernichtet wurden – nach qualvollen Deportationen auch aus Italien. Der Selbstverwaltung gelang es, für 600 Insassen Zertifikate, das waren Einreiseerlaubnisse der britischen Mandatsmacht für Palästina, aufzutreiben. Rita und ihre Eltern waren darunter.
Der Vater war freilich nicht so begeistert wie Rita, in dieses ferne unbekannte Land zu reisen, mußte er endgültig weg von Europa, so hätte er lieber zu seiner Familie nach Amerika gewollt. Aber Rita zog es nach Palästina. Sie hatte bereits Unterricht in praktischer Landwirtschaft in einer landwirtschaftlichen Schule erhalten, in einem Ort nahe Bari, wohin man die Kinder gebracht hatte, denn sie wollte in einen Kibbuz. Die Mutter war schon in ihrer

eigenen Jugendzeit Zionistin gewesen. Der Vater fügte sich. Im Mai 1944 schiffte sich die Familie Koch nach Palästina ein. Dort wartete, war Rita sicher, die wahre, endgültige Heimat. Es war die erste Abreise, auf die das Mädchen sich brennenden Herzens gefreut hat, der sie entgegenjauchzte.

Aber schon im Kinderdorf im Kibbuz wurde ihr Heimweh nach Europa in ihr übermächtig. Dem Vater hingegen gefiel es in Palästina außerordentlich. Er konnte es nicht fassen, daß man hier nur unter Juden war, daß es hier jüdische Polizisten, jüdische Briefträger, jüdische Straßenkehrer gab. Er hat kurze Zeit wieder als selbständiger Bauingenieur gearbeitet, ist aber im Dezember 1946 an einem Herzinfarkt gestorben. Rita war damals 15 Jahre alt. Mit dreizehn war sie bereits Schülerin des berühmten Herzl-Gymnasiums in Tel Aviv geworden (Unterrichtssprache Hebräisch, aus der dritten Volksschulklasse in die dritte Klasse Gymnasium!) und hat dort maturiert. Ihr Traum aber war es, in Europa zu studieren. Mailand galt ihre große Sehnsucht. Eine Freundin vom Herzl-Gymnasium, die mit ihren Eltern nach dem Krieg nach Österreich zurückgekehrt war, war Ansporn dazu, zunächst nach Wien zu fahren. Rita wollte den Beruf wählen, für den sie sich schon als Kind geeignet fühlte: Journalistik. Sie kam im Dezember 1950 nach Wien zurück, sah sich auf der Universität um, fuhr aber schon ein paar Tage später weiter nach Mailand. Vom 14. Januar 1941 bis 18. Dezember 1950 träumte sie von dieser Stadt ihrer schönsten Kinderjahre. Aber sie sagt: »Es war schließlich doch alles ganz anders.« Sie war glücklich in Mailand, hat auch ihre Freundin Mirella und andere liebe Menschen wiedergefunden, aber bleiben wollte sie nicht mehr. Plötzlich hatte sie das Gefühl, in Italien fremd zu sein, was ihr als langjährige italienische Patriotin sehr weh tat.

Aus dem Urgrund ihrer Seele wurde die Bindung an eine andere, frühere Heimatstadt wieder stark und lebendig. Es war Wien, wo sie geboren war. Als sie die Stadt ihrer ersten acht Lebensjahre nach dem Krieg wiedergesehen hat, als sie die Bombenverwüstungen, die Ruinen und Schäden, ja, die tiefen Wunden auch in den Menschen sah, konnte sie nicht mehr bitter sein. »Diese Stadt war so ein Jammer, so gestraft, daß sämtliche negativen Gefühle, die ich vielleicht hatte, wie verflogen waren.« Rita Koch hat dann schließlich den Beruf studiert, in dem sie als Kind schon »tätig« war – Dolmetscherin –, und ist nach ihrer Promotion in Anglistik und Romanistik in Wien geblieben. »In Italien bin ich gerne Gast, hier bin ich ein Teil von allem.« Allerdings: Die Städte Celico und Cosenza haben sie zu großen Ehrungen eingeladen und sie auch zur Ehrenbürgerin ernannt. In Wien ist ihr das trotz ihrer beruflichen Erfolge und ihrer publizistischen Leistungen bis heute nicht widerfahren. Ihre Mutter wartete bis 1976 in Israel auf die Rückkehr der Tochter, auch wenn die Hoffnung immer geringer wurde. Daraufhin zog die Mutter zu ihr, zurück nach Wien, wo sie 1986 starb. Es scheint, als hätten ihre vielen Wanderungen auch mit dem Tod noch kein Ende gefunden. Die in Altösterreich geborene, aus rheinländischer Familie stammende Lea Koch, die durch die Geographie des Jahres 1938 zur Polin erklärt worden war, wurde nun auf ihrem Totenschein gar zur Russin gemacht. Weil nämlich Lemberg nach der Geographie von heute in der Sowjetunion liegt. Kommentar von Rita: Das typisch jüdische Schicksal einer Überlebenden, deren Existenz fast das ganze zwanzigste Jahrhundert umspannt.

GEORG KLAAR, 17 Jahre
Vater: Bankangestellter
1939 nach Irland entkommen

Auch Schloß und Riegel schützten nicht

»Das wird alles eines Tages einmal dir gehören, Georgerl«, erklärte sein Vater immer wieder voll Stolz, wenn er den Buben durch die Wohnung im ersten Stock des Hauses Pichlergasse 1 im IX. Bezirk führte. Schon als Georg noch ganz klein war, nahm ihn sein Vater an der Hand und ging mit ihm durch die schön möblierte Wohnung. »Unsere Museumsrunde«, nannte er das. Gemeinsam sahen sie sich die Bilder an, die Bronzefiguren und den wunderschönen geschnitzten Harlekin aus dem achtzehnten Jahrhundert, der auf seiner Stirn eine Uhr balancierte.
Georgs Vater war leitender Angestellter der Österreichischen Länderbank. Zu Beginn der Ehe war sein Gehalt aber noch nicht so hoch, daß er sich große Kunstschätze leisten konnte. Als er durch zusätzliche Buchprüfungen mehr verdiente, konnte er seinem Hobby aber nachgeben. Denn Vaters große Liebe gehörte den bildenden Künsten. Eine Zeitlang war er mit einem Maler namens Schindler befreundet, in dessen Atelier er auch oft Georg mitnahm, wo sie beide dem Meister still bei der Arbeit zusahen.
Damals begann Georgs Vater Bilder zu sammeln und über die Wohnung zu verteilen. Er versuchte, sie immer wieder besser zu plazieren und erfreute sich nicht nur selbst dieses kleinen Besitzes, sondern konnte auch in seinem Sohn die Liebe zu den schönen Künsten wecken.

Nach und nach wurden auch die alten Möbel durch neue, wertvollere ersetzt. Die Schlafzimmereinrichtung der Eltern war im Stil Ludwigs des XVI. gehalten, weißes Holz mit geschnitzten Verzierungen. Vaters Schreibtisch im Herrenzimmer hatte Einlegearbeiten aus Holz, die Schubladen und Ecken waren mit Goldbronze geschmückt. Im Speisezimmer standen eine große Anrichte und eine Konsole aus der Biedermeierzeit.
Schließlich entfernte man die Doppeltür zwischen Speise- und Herrenzimmer, so daß die beiden Räume eine große, elegante Einheit bildeten. Weiche, blaue Vorhänge mit aufgestickten Goldblättern wurden in die Türöffnung gehängt und die Polsterstühle im Speisezimmer mit dem gleichen Stoff bezogen.
Die schönste von allen Neuanschaffungen war für Georg aber die Ausstattung seines eigenen Zimmers. Alle Möbel aus der Kindheit wurden ausrangiert. Der neue große Kleiderschrank, der Schreibtisch, Couch und Stühle waren aus dunklem, rostbraunen, glänzenden Mahagoniholz gefertigt. Neben die Couch wurde ein scharlachrot lakkierter Nachttisch gestellt, der genau zu dem Wandbehang hinter der Couch paßte.
Und damit alle diese Kostbarkeiten seinem Sohn erhalten blieben, ließ Ernst Klaar an der Innenseite der Wohnungstür zusätzliche stählerne Schutzhalterungen anbringen, die kein Einbrecher je aufbekommen würde. Außerdem gab es auch noch den freundlichen Polizisten an der Ecke zur Nußdorfer Straße. Der würde sie sicher gegen jeden unrechtmäßigen Übergriff schützen. Wenn Georg auf seinem Weg zur Volksschule in der Währinger Straße an dem Polizisten vorbeikam, grüßte er ihn immer freundlich, und es wurde ihm freundlich gedankt. Als Georg noch ein kleiner Bub war, fürchtete er sich vor der Dunkelheit und konnte ohne Licht nicht einschlafen. Als die Eltern einmal ausgegangen waren, löschte das Hausmäd-

chen Poldi, die auch Georgs Kindermädchen war, alle Lichter in der Wohnung. Georg war den Lichtschein aus der offenen Schlafzimmertür seiner Eltern gewohnt und begann im Finstern jämmerlich zu heulen. Poldi wollte ihm seine Angst vor der Dunkelheit austreiben, jagte ihm aber einen neuen Schrecken ein. »Weißt«, sagte sie zu dem weinenden Buben, »ein Polizist hat das Licht von der Straße aus gesehen. Er meinte, wir hätten Einbrecher in der Wohnung. Da ist er raufgekommen. Ich hab ihm g'sagt, daß wir das Licht anlassen, weilst dich sonst fürchtest. Des derf ma net tun, hat er g'sagt. Des is net erlaubt. Des is Irreführung der Polizei. Ganz wütend war er, sag ich dir. Alsdann, ka Licht mehr nebenan, oder die Polizei kummt.«

Georg glaubte dieses Ammenmärchen aufs Wort. Von da an repräsentierte der grünuniformierte Ordnungshüter, in seiner Phantasie bis an die Zähne mit Säbel, Revolver und Gummiknüppel bewaffnet, das Höchstmaß an Autorität für ihn. Die Angst vor der Dunkelheit blieb, aber die Angst vor dem menschenfressenden Polizisten war noch größer. Als Georg später zur Schule ging, war diese Furcht zwar allmählich verflogen, sie war einer respektvollen Hochachtung gewichen, die sich in scheuem Grüßen äußerte, wenn Georg seinem Polizisten begegnete. Aber er fühlte sich auch beschützt.

Die Familie Klaar war ein kleiner Teil einer weitverzweigten Wiener Sippe, an deren Ausgangspunkt die beherrschende Großmutter Julie stand. Der Tagesablauf der Familie Klaar war ein geregelter. Der Vater ging morgens zur Bank, die Mutter besorgte den Haushalt. An jedem Sonntagvormittag besuchten Georg und sein Vater Großmutter Julie in der Josefstädter Straße, während die Mutter zu Hause das Mittagessen vorbereitete.

Georg, der sich in der Liebe seiner Eltern vollkommen geborgen fühlte, wäre nie auf die Idee gekommen, daß er sich von den Buben anderer Wiener Familien unterschied. In der Volksschule waren sie völlig unterschiedslose kleine Teufel, die fest zusammenhielten, vor allem wenn es galt, einem Aushilfslehrer einen Schabernack zu spielen.

Die Buben aus jüdischen und katholischen Familien saßen wahllos durcheinander. Daß sie zum Religionsunterricht getrennt wurden, störte sie nicht. Für Georg war es eher ein Hallo, ein Mordsspaß, wenn die einen, die für die katholische Religionsstunde in der Klasse sitzen blieben, denen, die rausgingen, hinterherriefen: »Jud', Jud', spuck in Hut, sag der Mutter, das ist gut.« Doch die, die die Klasse verließen, hatten sofort ein fröhliches Sprüchlein bereit, mit dem sie den anderen ihre Frechheit heimzahlten: »Christ, Christ, g'hörst am Mist.« Georg empfand diese übermütigen Zurufe niemals als Demütigung, sondern als festen Bestandteil österreichischer Schultradition, und fand im übrigen die Rechnung mit der einfallsreichen Antwort von seiner Seite jedesmal als beglichen. Nur einer der katholischen Buben machte bei diesen Wortgefechten nie mit. Georg fiel auf, daß sein Freund, der dicke Fredl Resch, immer dann, wenn die »Jud', Jud'«-Rufe begannen, still in die Luft starrte. Georg sprach nie mit ihm darüber, warum er das tat. Wahrscheinlich war diese stille Verweigerung aber der Grund, warum Georg und Fredl viele Jahre eng befreundet blieben.

Als sie größer wurden und schon allein ausgehen durften, spazierten die beiden Freunde gelegentlich – einer in den anderen eingehängt – über die Ringstraße. Eines Tages, wenn beide berühmte Männer sein würden, müßte man den Ring in den »Klaaresch-Ring« umbenennen, dessen waren sich die Heranwachsenden damals sicher. Klaar-Resch. Der Jude Georg und der Katholik Alfred freundschaftlich eingehängt über Wiens Prachtstraße schreitend? Aber so sollte es nicht bleiben.

Das Unheil begann am Abend des 11. März 1938. Noch am Morgen war die Familie Klaar viel zuversichtlicher gewesen als an den Tagen zuvor. Sie freuten sich auf die für Sonntag, den 13. März, angesagte Volksabstimmung, in der sie als große Patrioten selbstverständlich für ein unabhängiges, nicht an das Hitler-Deutschland angeschlossenes Österreich stimmen würden. Die Stimmen hätten zwar nur die Eltern abgegeben, Georg war mit seinen knapp 17 Jahren noch nicht wahlberechtigt. Seine Schulfreunde Robert Rosen, Norbert Gewürz und Heinzi Buchwald fragten ihn am Nachmittag des 11. März, ob er notfalls für Österreich auch kämpfen würde. Und Georg hatte mit einem selbstverständlichen »Ja« geantwortet. Dann trennten sie sich, und Georg radelte nach Hause. Als er gerade damit beschäftigt war, sein Fahrrad im Vorzimmer abzustellen, erschienen Vater und Mutter verstört und bleich in der Tür des Eßzimmers. »Die Volksabstimmung ist abgesagt worden«, brachte der Vater nur kurz hervor.

Die Familie saß den ganzen Abend im Herrenzimmer neben dem Radioapparat, in dem eine Durchsage der anderen folgte. Nach dem Abendessen waren auch die Nachbarn Emil und Selma Ornstein mit ihrer fünfzehnjährigen Tochter Ilse herübergekommen, denn in diesen bedrükkenden Stunden wollte keiner allein sein. Bis dann zehn Minuten vor acht die berühmte Rede von Bundeskanzler Kurt Schuschnigg über den Lautsprecher kam, der sie alle Wort für Wort gespannt folgten. Vor allem dem schicksalhaften zweiten Teil: »... Der Herr Bundespräsident beauftragte mich, dem österreichischen Volk mitzuteilen, daß wir der Gewalt weichen ...« »... weil wir um keinen Preis, auch in diesen ernsten Stunden nicht, deutsches Blut zu vergießen gesonnen sind ...« Und dann endete diese klägliche Rede mit dem Österreich zum Verhängnis gewordenen Gruß: »So verabschiede ich mich in dieser

Stunde von dem österreichischen Volk mit einem deutschen Wort und einem Herzenswunsch: Gott schütze Österreich!« Dann folgte die Bundeshymne.

Als die letzten Takte verklungen waren, sprach keiner von ihnen ein Wort. Einige Augenblicke saßen sie in völligem Schweigen da. Sie konnten die Worte Schuschniggs nicht glauben. Hielten alles für einen großen Irrtum. Immer wieder war das Wort »deutsch« gefallen, zu wenig oft das Wort »Österreich«. Und was war mit denen, die zwar Österreicher, aber Juden waren? Welcher Gott würde sie nun beschützen?

Unmittelbar darauf erhielten die verstört Dasitzenden Antwort auf ihre vielen Fragen. Noch bevor einer von ihnen etwas sagen konnte, hörten sie es: Irgendwo in der Ferne schrien Hunderte von Menschen. Es klang bedrohlich. Und es wurde lauter, kam immer näher.

Georg raste zum Fenster und sah auf die Nußdorfer Straße hinunter, die menschenleer war. Aber nur wenige Augenblicke später kam der erste Lastwagen in Sicht, der voll schreiender und winkender Menschen war. Riesige Hakenkreuzfahnen flatterten über ihren Köpfen, die meisten von ihnen trugen Hakenkreuzbinden, einige SA-Mützen, andere sogar Stahlhelme. Nun konnte Georg auch hören, was sie schrien, ganz deutlich: »Ein Volk, ein Reich, ein Führer!« brüllten sie im Chor, gefolgt von »Juda, verrecke! Juda verrecke!«

Lastwagen folgte auf Lastwagen. Georgs Vater hatte das Licht ausgeschaltet, damit sie nicht gesehen werden konnten. Alle waren inzwischen zu Georg ans Fenster getreten und starrten fast zwanzig Minuten lang auf das gespenstische Bild auf der Straße.

Erst als der letzte Lastwagen schon lange verschwunden war, wurde das Licht wieder eingeschaltet. Die anderen setzten sich, aber Georg blieb noch am Fenster und blickte starr auf die Nußdorfer Straße hinunter. Als er di-

rekt unter dem Fenster einen unterdrückten Schrei hörte, fuhr er auf. Er verrenkte sich den Hals und entdeckte einen österreichischen Polizisten, bereits mit einer Hakenkreuzbinde um den dunkelgrünen Uniformärmel, der mit seinem Gummiknüppel in rasender Wut auf einen Mann einschlug, der sich zu seinen Füßen krümmte.
Es war der Polizist, vor dem ihm Poldi vor vielen Jahren Angst eingejagt hatte, derselbe, der immer freundlich seinem Gruß gedankt hatte. Nun sah er, wie dieser Polizist mit aller Kraft einen Mann zusammenschlug, der seinen Ärger über die Nazis kundgetan hatte. Diesmal war es kein Alptraum wie damals, als Poldi den Hüter der Ordnung zum Menschenfresser vergrößerte.
Nach Schuschniggs Abschied hatte sich dieser Polizist innerhalb von Minuten aus dem Beschützer von gestern in den Verfolger und Peiniger von heute verwandelt. Das war noch schrecklicher für Georg als das haßerfüllte »Ju-da verr-rrecke!«
Nichts hätte ihm deutlicher machen können, was an diesem Tag wirklich geschehen war.
Am Morgen des 12. März tat Georg etwas, was er in den letzten Jahren immer weniger getan hatte. Er besuchte Großmutter Julie in der Josefstädter Straße 70, die in einem Monat achtundsiebzig Jahre alt werden würde. Wie gewöhnlich verbrachte er auch einige Zeit bei Annitscheck in der Küche, Großmutters treu ergebenem »Ministerpräsidenten«. Sie faßte für Georg die Geschehnisse der letzten 24 Stunden mit einem einzigen Satz zusammen, der an Klarheit alles übertraf, was Georg bis jetzt dazu gehört hatte: »Das ist das Ende der Familie Klaar«, sagte Annitscheck, während sie kochte. Sie wußte, daß sie alle fortmußten, die vier Söhne von Großmutter Julie mit ihren Frauen und Kindern. Und sie wußte auch, daß weder Großmutter noch sie mitkommen konnten.
Auf dem Heimweg sah Georg die erste Staffel deutscher

Bombenflugzeuge über Wien auftauchen. Immer mehr Flugzeuge kreisten über der Stadt. Der Himmel verdunkelte sich, das Dröhnen der Motoren war unheilverkündend.

In der Nacht auf Sonntag, den 13. März, war Schnee gefallen. Als Georg aus dem Fenster seines Zimmers sah, lag die Pichlergasse weiß und sauber unter ihm. Als er aber wenig später durch das Fenster des Herrenzimmers auf die Nußdorfer Straße blickte, sah er, wie sich der reine Schnee unter stampfenden Stiefeln und den Auspuffgasen zahlloser Militärfahrzeuge in schmutzigen Matsch verwandelte. Die deutsche Wehrmacht war einmarschiert.

In der folgenden Nacht drang die SS bei den Ornsteins ein. Emil und Selma Ornstein lagen schon im Bett, als es an der Tür klingelte. Sie öffneten. Draußen stand der Hausmeister mit zwei österreichischen Polizisten und zwei SS-Männern in ihren schwarzen Uniformen.

Sie stürmten in die Wohnung der Ornsteins, durchsuchten jede Nische und jeden Winkel, kippten den Inhalt von Schubfächern auf den Fußboden – und nahmen schließlich Emil Ornstein mit, fesselten seine Arme mit Handschellen auf dem Rücken. Emil Ornstein war Generaldirektor der Spedition »Schenker«, Jude und führender Freimaurer. Das waren seine »Verbrechen«. Eine Woche später sah die Familie sein Foto und Bilder anderer festgenommener Juden auf der Titelseite des SS-Blattes »Das schwarze Korps«. Krank sah er aus und elend. Er trug einen tagealten Bart. Den verhafteten Juden wurde nicht erlaubt, sich zu rasieren; sie sollten möglichst unsauber und abstoßend wirken.

Sie sahen Emil Ornstein nie wieder.

Am frühen Nachmittag dieses Tages brach Georgs Vater zusammen. Nie zuvor hatte Georg ihn weinen gesehen. Noch nie diese quälenden Laute eines vor Verzweiflung wimmernden Mannes gehört, nie mitangesehen, wie angestrengt ein von Schmerz überwältigter Mann versucht, sich wieder in die Gewalt zu bekommen. Mutter und Georg umarmten ihn, versuchten ihn zu trösten, ihn zu beruhigen. Sie glaubten, daß Vater zusammengebrochen war, weil er den Untergang seiner Welt begriffen hatte, das Ende seiner Karriere, seines bisherigen Lebens. Daß er Angst hatte, sie würden ihn holen, wie sie Emil Ornstein geholt hatten.

Als Georgs Vater wieder sprechen konnte, zwischen Schluchzern, die seinen ganzen Körper erschütterten, sagte er nur einen Satz – immer wieder: »Was soll aus meiner Mutter werden? Was soll aus meiner Mutter werden?« Der Abschied von Großmutter Julie, der – wie er nun wußte – unausweichlich war, und das Wissen, daß er sie vielleicht nie wiedersehen würde, das waren die eigentlichen Gründe für seinen Zusammenbruch.

Kaum hatte sich der Vater wieder etwas beruhigt, da rief Onkel Alfred an. Er wollte mit Tante Klara und deren Tochter Hedi – Georgs Lieblingskusine – herüberkommen. Sie saßen dann alle im Herrenzimmer beisammen und stellten sich verzweifelt die Fragen: »Worüber, um Himmels willen, haben wir früher geredet? Dienstmädchen, Kinder, Kleider, Essen? In welcher Welt haben wir denn geglaubt zu leben?«

Mit dem zweiten Anruf wurde an diesem Abend Georg zum Telefon gerufen. Seine Freundin Liesl rief völlig verstört an, ob er kurz zu ihnen hinüberkommen könnte. »Besucher« seien bei ihnen gewesen. »Besucher« wurden die SA- und SS-Männer damals genannt, die willkürlich Wohnungen durchsuchten, im günstigsten Fall Familiensilber oder Bargeld mitgehen ließen und Bücher beschlagnahmten, im schlimmeren Fall aber auch die Väter festnahmen und ins Konzentrationslager verschleppten.

Als Georg wieder nach Hause kam, saßen Vater, Mutter, Onkel Alfred, Tante Klara und Hedi immer noch im Herrenzimmer. Besser gesagt, schon wieder. Denn nun hatten sich auch für Georgs Familie die ersten Auswirkungen des »Anschlusses« gezeigt.

Georg hatte das Haus buchstäblich einen Augenblick, bevor die SA es betrat, verlassen. Der Hausmeister, den die Klaars durch zahlreiche Geschenke durch all die Jahre auf ihrer Seite glaubten, hatte die SA vor die Wohnungstür der Klaars geführt und angeklingelt. Und nun boten die vor Jahren angebrachten Metallriegel nicht den geringsten Schutz vor dem Verbrechen, das nun geschah. Georgs Vater, Onkel Alfred und Hedi wurden mitgenommen. Die Mutter und Tante Klara ließen sie in der Wohnung zurück. Was den dreien geschehen sollte, wurde ihnen erst auf der Straße gesagt: Sie mußten die mit Ölfarben angebrachten vaterländischen Schuschnigg-Parolen vom Pflaster und den Hauswänden entfernen. Onkel Alfred, der zehn Jahre älter war als Georgs Vater, durfte nach einer Stunde als erster zurück. Georgs Vater und Hedi wurden noch eine weitere Stunde auf die Knie gezwungen, die Schaftstiefel der SA-Männer in Augenhöhe.

Als sie zurückkamen, waren ihre Gesichter ebenso grau wie ihre Kleidung. Erst von diesem Moment an wurde eine Emigration ernsthaft in Betracht gezogen. Auch wenn zunächst noch nichts in diese Richtung unternommen wurde. Georgs Vater hing an seiner Bank ebenso sehr, wie er an Wien hing. Auch war ihm der Gedanke, seine Mutter – Großmutter Julie – verlassen zu müssen, immer noch unerträglich. So ging er zunächst noch weiter an seinen Arbeitsplatz. Und auch Georg kam am folgenden Mittwoch zum erstenmal wieder in seine Schule – nach mehreren Schulwechseln war es das Privatgymnasium »Juranek« –, die für einige Tage geschlossen gehabt hatte.

Die Demütigungen, die die meisten jüdischen Schüler hinnehmen mußten, blieben Georg wie durch ein Wunder erspart. Zwar hatten sich auch sämtliche Knaben seiner Klasse, mit Ausnahme der Juden, als Hitlerjungen deklariert. Sie trugen entweder NS-Abzeichen oder Hakenkreuze auf ihren Rockaufschlägen. Aber dann geschah etwas, das in diesen Tagen wohl als einmalig zu bezeichnen war. Noch bevor die erste Stunde begann, stand Helmut Wieczorek, der Stärkste der Klasse und auch Klassensprecher, auf und hielt eine kurze Ansprache.

»Was ich noch sagen wollte. Es gibt in unserer Klasse jüdische Jungen. Sie sind unsere Mitschüler und Freunde seit vielen Jahren. Ich finde, sie sollten unsere Mitschüler und Freunde bleiben, also entsprechend behandelt werden!«

Die Zustimmung, die seine Worte fanden, war allgemein. Selbst die überzeugtesten Hitlerjungen brachten nichts gegen das Gesagte vor. Aber noch bemerkenswerter ist, was der »Arier« Fredl Resch, der engste Freund Georgs aus den Kindertagen, tat. Sie hatten sich seit den ersten zwei Jahren Gymnasium schon aus den Augen verloren, weil Georg als ziemlich miserabler Schüler nicht nur einmal die Klasse wiederholt hatte, sondern auch dreimal die Schule wechseln mußte. Doch ganz war der Kontakt zwischen den beiden Buben nie abgerissen.

Am zweiten Sonntag nach dem »Anschluß« läutete es etwa gegen elf Uhr an der Tür der Klaars. Georg öffnete, draußen stand Fredl. Alles, was er sagte, war: »Ich dachte, wir könnten doch mal wieder unseren Sonntagsspaziergang machen.« Er kam herein, begrüßte Georgs Eltern, und dann gingen die beiden gemeinsam auf die Straße, Fredls »arischer« Arm fest in Georgs »jüdischen« eingehängt. So gingen sie gemeinsam wie früher auf der Ringstraße spazieren. Was Fredl tat, war mehr als gefährlich für ihn. Es stand bereits unter schwerer Strafe, einem Juden zu helfen oder mit einem Juden befreundet zu sein.

Dennoch kam der Tag der Abreise für die Klaars immer näher. In Wien konnten sie nicht einen Tag länger bleiben. Der Vater, der von der Bank gekündigt worden war, wo er es mittlerweile zum Prokuristen gebracht hatte, bemühte sich um ein Einreisevisum in die Republik Irland. Die Wohnungseinrichtung samt Bildern und Kunstgegenständen wurde Stück für Stück sorgfältig verpackt, denn »dies soll doch alles einmal dem Georg gehören«. Der Transport der Habe sollte aber erst nach der Abreise der Familie erfolgen.
Das Hausmädchen Helene, der die Eltern in Dankbarkeit das edle Doppelbett im Stile Ludwigs des XVI. vermachten, weil sie kurz vor ihrer Heirat stand, hatte sich angetragen, für die Verschickung der Möbel zu sorgen. Die Möbel gingen später nach Paris, wo der Vater bei der Banque de l'Europe Centrale, der damaligen Eigentümerin der Länderbank, einen Posten bekommen hatte.
Die Klaars selber fuhren aber zunächst, bevor sie noch von der Pariser Anstellung erfuhren, nach Berlin, wo sie hofften, ihre Visa nach Irland zu erhalten. In Wirklichkeit begann aber für sie eine sinnlose Odyssee. Die Visa trafen nämlich zunächst nicht ein.
Georg wurde in drei Monaten 18, das hätte Wehrpflicht bedeutet. Auf die Idee, daß Juden zur deutschen Wehrmacht nicht einberufen würden, war der Vater nämlich nicht gekommen. Um die Nürnberger Rassengesetze hatte er sich bisher nie gekümmert, er fürchtete nur um seinen Sohn.
Der Bub mußte also weg aus dem Deutschen Reich, ein weiterer Verbleib in Berlin schien nicht ratsam. So schickte er Georg durch den »Polnischen Korridor« über Litauen nach Lettland. Es war Georgs erste Zugreise ohne Begleitung. Nach Lettland, dem von vielen Baltendeutschen besiedelten Land an der Ostsee, gelangte er aber nicht, weil die Grenzsoldaten an seinem österreichischen

Paß etwas auszusetzen hatten. Sie holten Georg aus dem Zug und setzten ihn in einen anderen, der ihn nach Kaunas in Litauen brachte. Dort geriet Georg an eine jüdische Hilfsorganisation, die dem Halbverhungerten zu Essen und einer Fahrkarte nach Königsberg in Ostpreußen verhalf. Immer in Todesangst, von der SS geschnappt zu werden, fand Georg dort ein Zimmer in einer kleinen Pension und bat seine Eltern telegrafisch um Geld. Am nächsten Morgen hörte er die Türglocke läuten, gefolgt von einem energischen »Heil Hitler!« Jetzt haben sie mich doch gefunden, dachte Georg. Aber es war ein Postbote, der ihm die Geldsendung seiner Eltern überbrachte.

Georg kehrte nach Berlin zurück. Dort waren die Klaars wieder vereint.

Doch in der Hauptstadt des Dritten Reiches konnten sie nicht länger bleiben, ihre österreichischen Pässe waren abgelaufen. Die irischen Einreisevisa waren auch noch nicht da. Das Geld ging zur Neige. Die Klaars beschlossen, zurück nach Wien zu fahren.

In Wien konnten sie nicht in ihre Wohnung, weil ihr Dienstmädchen gemeinsam mit ihrem Nazi-Freund davon Besitz ergriffen hatte. Als die Eltern sie zurückhaben wollten, drohte Helene mit der Gestapo.

Die Klaars fanden Unterschlupf bei ihren Verwandten, die noch dageblieben waren. Georg schlief bei Onkel Alfred, Tante Klara und Kusine Hedi. Eines Nachts schlich Onkel Alfred in seiner Verzweiflung in die Küche und drehte den Gashahn auf. Er wollte sich umbringen. Wäre Tante Klara nicht rechtzeitig wach geworden, es wäre ihm gelungen.

Die Klaars bekamen ihre österreichischen Pässe gegen neue deutsche eingetauscht, diese nun schon mit dem roten »J«, dem Sichtvermerk für Juden, versehen. Sie konnten zurück nach Berlin reisen, wo dann endlich die irischen Einreisevisa eintrafen, genau am Tag nach der

»Reichskristallnacht«, von der sie – schlafend in der Pension »Lurie« – nichts bemerkten.
Nur einen Tag danach, am 11. November 1938, flüchteten die Klaars vom Flughafen Berlin-Tempelhof in die Freiheit.
Zunächst London, dann Dublin, wo aber der Vater nicht lange blieb. Der Direktor der Pariser Bank hatte ihm von der Anstellung geschrieben. So fuhr Georgs Vater in die französische Hauptstadt, wo er sich auch um die mittlerweile eingetroffenen Möbel aus Wien kümmern wollte, die am französischen Zoll festhingen. Die Mutter folgte in einigen Monaten. Georg blieb zunächst allein zurück, meldete sich aber später als Soldat zur englischen Armee.
Als die deutschen Truppen Paris besetzten, zogen sich die Eltern in den Süden Frankreichs zurück, wo sie sich im Departement Ardèche unter dem Schutz der »Résistance« – der französischen Widerstandsbewegung – noch eine Weile sicher fühlten. Dort haben Hitlers Helfershelfer, die Vichy-Gendarmen, sie im August 1942 aufgespürt, festgenommen und der SS zum Abtransport übergeben. Georgs Eltern kamen in Auschwitz ums Leben.
Nach dem Krieg suchte Georg, jetzt schon George Clare, das Depot in Paris auf, um nach seinem Besitz zu sehen. Man überreichte ihm die Abschrift einer Zolliste. In sauberer Maschinenschrift war in französischer Sprache genau jedes Möbelstück, jeder Teppich, jedes Bild, jede Kiste mit Porzellan, Büchern und Geschirr aufgeschrieben. Und noch etwas stand dort, handschriftlich, in deutscher Sprache: »Restlos geräumt«. Am 5. Februar 1943 wurde sein gesamtes Erbe von der Wehrmacht beschlagnahmt und zur Verfügung von SS-Obergruppenführer Lorentz in den Osten Deutschlands verfrachtet. »Erfaßt und abtransportiert. Dienststelle der Feldpost-Nr. 43071 W. Diese Bescheinigung gilt nicht als Requisitionsschein und begründet keine Ersatzansprüche.«

Das war alles, was Georg von dem, »was alles einmal ihm gehören sollte«, geblieben war. Ein Stück Frachtpapier.

George Clare lebt heute in Dalham bei Newmarket in England. Er hat 30 Jahre gebraucht, bis er sich überwinden konnte, das Wort »Ardèche« auf einer französischen Landkarte zu lesen, bis er imstande war, nach den Spuren seiner Eltern und seiner Familie zu suchen. Erst dann hat er über den Untergang der Familie Klaar ein Buch geschrieben. Unter dem Titel »Last Waltz in Vienna« ist die englische Originalausgabe 1981 erschienen und lange Zeit auf den Bestsellerlisten gestanden. Unter den Titeln »Das waren die Klaars« und »Letzter Walzer in Wien« ist die Familienchronik in deutscher Sprache erschienen. George Clare hat seine Geschichte aber für dieses Buch noch einmal erzählt. Seine jüngste Tochter hat er nach seiner Großmutter, die im zweiundachtzigsten Lebensjahr im KZ Theresienstadt umgekommen ist, genannt: Julie. Mit dem einen Unterschied, daß dieser Name jetzt englisch ausgesprochen wird.

EDITH NEUNER, 7 Jahre
Großvater: Bankangestellter
1939 nach Ungarn geflüchtet, 1956 nach Österreich zurück

Wien - Budapest und retour

Obwohl ihre Eltern geschieden waren, hatte Edith eine geborgene Kindheit. Sie lebte mit ihrer Mutter bei ihren Großeltern im XVII. Bezirk in Wien. Die Vaterfigur war für sie, seit sie denken konnte, ihr Großvater, ein Bankangestellter, der aus dem ungarischen Teil der Monarchie stammte. Ediths Großmutter war Wienerin. Sie waren Juden, die die hohen Feiertage, die Sabbatruhe sowie die religiösen Speisevorschriften beachteten.
Im Herbst 1937 kam Edith in die erste Klasse der öffentlichen Volksschule in der Schulgasse im XVIII. Bezirk. Bis zum März 1938 verlief der Unterricht normal und ruhig. Nach dem Anschluß kam es immer wieder vor, daß fast erwachsene Hitlerjungen in die Schule stürmten und sich aus den Klassen jüdische Kinder herausholten, oder der Direktor ließ diese zu sich in die Kanzlei kommen. Dann wurden die Kinder fotografiert. Wissenschaftler, wie Ethnologen und Anthropologen, bemühten sich, »völkische Rassenmerkmale« in Körperbau, Kopfform, Haar- und Augenfarbe, Gesichtsschnitt sowie in den Bewegungen auszuforschen, die beweisen sollten, daß es sich bei Angehörigen der »jüdischen Rasse« im Gegensatz zu denen der »nordischen Rasse« um minderwertige Menschen handelte. Eine perfekte Propagandamaschinerie verbreitete diese Auffassung in der Öffentlichkeit. »Der Stürmer«

war zum Beispiel eines jener Blätter, die fast täglich neue »Erkenntnisse« brachten und mit Fotos untermauerten. Eingekerkerte jüdische Männer wurden unrasiert, ungekämmt, verwahrlost abgebildet, um dem Volk die Niedrigkeit dieser Rasse vor Augen zu führen.
Zu diesem Zweck wurden auch Edith und andere jüdische Schulkinder fotografiert, wobei sie selbst sich als Paradebeispiel für die »Minderwertigkeit« nicht eignete, da sie blond war. Dennoch wurde sie mit den anderen grob zur Seite gestoßen, geohrfeigt und getreten.
Die zweite Klasse besuchte sie im Herbst 1938 schon in einer eigens für jüdische Kinder im XIX. Bezirk eingerichteten Schule. In diese Zeit fällt Ediths Erinnerung an die Reichskristallnacht. Obwohl erst siebeneinhalb Jahre alt, erinnert sie sich genau an jene Nachtstunden des 10. November, in denen es an ihrer Wohnungstür geläutet und der Großvater aufgemacht hatte, eine Horde von SA-Männern hereingestürmt war, die Kästen und Läden zu durchwühlen und den Inhalt auf den Boden zu werfen begannen. Edith stand neben ihrer Mutter und zitterte vor Angst. Gesprochen wurde kaum, und das Kind wußte nicht, wonach diese Männer eigentlich suchten. Doch dann galt ihre ganze Aufmerksamkeit dem Großvater, der sich hastig anziehen mußte, weil die SA ihn mitnehmen wollte. Wie gelähmt sah sie zu, als sie ihn aus der Tür hinausstießen. Über die Schulter riefen die Männer noch zurück: »Er kommt nach Dachau.«
Gefangene wurden damals noch aus diesem Konzentrationslager entlassen, wenn für sie eine Ausreisebewilligung vorlag. So stellte sich die Mutter nun täglich bei verschiedenen Konsulaten um Visa an und ging zur »Zentralstelle für jüdische Auswanderung«. Einmal kam sie nach Hause und berichtete, daß sie Visa nach Costa Rica bekommen könnte. Die Großmutter aber wies das zurück: »Costa Rica? Die Hitze, die fremde Sprache. Was sollen wir zwei

alten Leute in Costa Rica?« Sie sprach sich entschieden für Ungarn aus, das Land, aus dem der Großvater stammte und das seine ehemaligen Staatsbürger auch wieder aufnahm.

Immer wieder mußte die Mutter auch in das Hauptgebäude der Gestapo, ins berüchtigte Hotel »Metropol« am Morzinplatz im I. Bezirk gehen, um die Freilassung ihres Vaters aus Dachau zu erwirken. Jedesmal kam sie an solchen Tagen später nach Hause, als sie vorgehabt und ihrer Tochter versprochen hatte. Denn jedesmal wurde sie für einige Stunden zum Kloputzen und Gangaufwaschen hierbehalten – eine Zusatzschikane, die den meisten dort vorsprechenden Frauen auferlegt wurde.

Es dauerte lange, bis sämtliche Formalitäten der Ausreise erledigt waren. Auch ihrer Hausmeisterin, die früher immer freundlich und hilfsbereit gewesen war, dauerte die Anwesenheit ihrer jüdischen Mitbewohner schon zu lange. »Juden raus!« brüllte sie öfters vom Hof herauf und fuchtelte dabei wütend mit dem Besen in der Luft herum.

Aber erst im März 1939 konnte Ediths Mutter der Hausbesorgerin den Wunsch erfüllen. Erst im März '39 wurde der Großvater aus Dachau freigelassen. Als Edith ihn wiedersah, war der kleine Mann völlig verändert. Sein Gesicht war geschwollen und von Schlägen entstellt. Unmittelbar nach seiner Rückkehr reisten sie mit Sack und Pack aus Wien ab. Mit dem Zug fuhren sie nach Ungarn und passierten die Grenze bei Nickelsdorf/Hegyeshalom.

In Budapest nahmen sie entfernte Verwandte in Untermiete auf. Ein normales Leben begann.

Edith ging sofort am Tag nach ihrer Ankunft in die konfessionelle jüdische Volksschule, die genauso wie die Konfessionsschulen anderer Religionsgemeinschaften eine lange Tradition hatte. Zuerst verstand Edith natürlich kein Wort Ungarisch, doch schon in der nächsten

Klasse kam sie spielend im Unterricht mit. Dem Großvater, etwa Mitte fünfzig, gelang es, eine Anstellung in der Textilbranche zu bekommen, und er konnte so für einen halbwegs ausreichenden Familienunterhalt sorgen.
Was die Familie Neuner über die Verfolgung der Juden in Wien erzählte, kam ihren Bekannten und Freunden in Budapest wie ein Schauermärchen vor, das sie wohl glaubten, dem sie dennoch mit Unverständnis begegneten: »Bei uns wäre so etwas nicht möglich«, war die feste Überzeugung der Budapester. Und tatsächlich konnte dort – mitten im Krieg – ein normales, bürgerliches Leben ablaufen. Bis zum 19. März 1944. An diesem Tag fielen Hitlers Militär- und Polizeitruppen auch in Ungarn ein, besetzten das Land, brachten rechtsradikale Kräfte an die Regierung, die nun auch in Ungarn für die Durchsetzung der Nürnberger Rassengesetze sorgten und durch Verordnungen die Deportation der Juden ermöglichten. Mit dem vordem so tröstlich gewesenen »Bei uns ist so was nicht möglich!« war es nun schlagartig vorüber.
Zuerst wurde die auf dem Land lebende, dann auch die jüdische Bevölkerung in den Städten in Scharen abgeholt und der SS zum Abtransport in die Vernichtungslager übergeben. Die »Pfeilkreuzler« waren das ungarische Gegenstück zu den deutschen und österreichischen »Hakenkreuzlern«. Edith und ihre Verwandten mußten ihre Wohnung verlassen, mußten sich den gelben Judenstern zur Kennzeichnung an der Stelle des Herzens auf ihr Gewand nähen und in separate, gleichfalls mit dem gelben Davidstern gekennzeichnete »Sternhäuser« umziehen. Jüdische Gettos entstanden.
Im Oktober 1944 wurde Admiral Miklós Horthy, der Ungarns Staatsgeschicke über 20 Jahre gelenkt hatte und dem es gelungen war, den Hitler-Faschismus immer wieder von seinem Land fernzuhalten, abgesetzt. Zu diesem Zeitpunkt waren die späteren Siegermächte, vor allem

Rußland, bereits merkbar im Vormarsch, was eine Niederlage für Hitler bedeutete. Dennoch brach in diesem Winter 1944/45 in den Gettos von Budapest eine gnadenlose Menschenjagd los, die zum Grauenhaftesten dieses Weltkriegs zählt. Auf dem Land gab es kaum mehr Juden, in Budapest waren in den Gettos aber hunderttausend für eine Deportation zusammengepfercht. Der SS standen aber keine Züge mehr zur Verfügung, die Truppen benötigten sie nun für ihren Rückzug aus Rußland. Auch waren die Wege in die Vernichtungslager im Osten schon abgeschnitten. Dies hinderte aber weder die deutsche SS noch die ungarischen rechtsradikalen Helfer, täglich zahlreiche Juden aus den Gettos herauszuzerren, sie mit Peitschenhieben zum Donauufer hinunterzutreiben und von hinten niederzuschießen. Die Getroffenen fielen vornüber ins Wasser.

Täglich gab es Zählappelle in den Judenhäusern, täglich wurden Menschen fortgeschleppt. Selbst als die Stadt bereits von den russischen Befreiungstruppen eingekreist war, ging für die jüdische Bevölkerung – zusätzlich zu Hunger, Bombenhagel und Kriegsgreueln – die Vernichtungsjagd noch weiter.

Es waren dies die Monate, in denen sich der schwedische Diplomat in Budapest, Raoul Wallenberg, als unermüdlicher und kühner Lebensretter Tausender Juden erwies. Er stellte unzähligen – Ediths Familie war darunter – Schutzbriefe aus, die bestätigen sollten, daß diese Personen unter dem besonderen Schutz der schwedischen Botschaft stünden. Auch der Schweizer und der spanische Botschafter sowie der Vertreter des Vatikans gaben solche Schutzbriefe aus, und darüber hinaus stellten sie Häuser zur Verfügung, in die sich die so geschützten Gettobewohner flüchten konnten. Edith lebte mit ihrer Familie in dem von Wallenberg eingerichteten »Schwedenhaus« gemeinsam mit rund 30 anderen Menschen in einer Wohnung. Wal-

lenberg ließ es bei den Schutzbriefen und Häusern aber nicht bewenden. Er versuchte immer wieder auch persönlich, die Deportation von Juden zu verhindern.
Peter, dem späteren Mann Ediths, rettete er so das Leben. Peters Eltern und zwei Drittel seiner Verwandten waren bereits von den Deutschen verschleppt worden. Er hat sie nie wiedergesehen. Der Vierzehnjährige konnte sich im Getto in ein Jugendlager retten, das vom Roten Kreuz eingerichtet worden war. In diesem Rot-Kreuz-Haus wurde auch für die umliegenden Häuser täglich Suppe gekocht, die die Jugendlichen dann auszutragen hatten. Zwei schleppten einen großen Topf Suppe immer gemeinsam, denn er war – obwohl im Grunde nur voll warmem Wasser – sehr schwer. Es war lebensgefährlich, im Getto auf die Straße zu gehen. Fast immer, wenn ein Bewohner sich zeigte, wurde auf ihn geschossen. Wieder einmal lief Peter mit seinem Freund mit einem Topf über die Gasse. Da riß es Peter mit einem Ruck zurück, die Suppe schwappte zur anderen Seite über – sein Freund war neben ihm tödlich getroffen worden.
Am Tag, an dem der Abtransport der Jugendlichen aus diesem Lager festgelegt war, erschien Raoul Wallenberg, wie immer in Begleitung eines katholischen Priesters, der ein Kreuz vor sich trug, stellte sich den Bewachungsmannschaften entgegen und rief: »Ihr werdet dafür bezahlen, ihr werdet das büßen müssen. Hört auf mit dem Abtransport, hört auf, diese Menschen zu quälen. Ihr könnt die Schuld nicht ermessen, die ihr auf euch ladet.« Die Bewacher waren eingeschüchtert und verzogen sich. Nur mit seinen Worten hatte der tapfere Schwede diesen jüdischen Kindern das Leben gerettet.
Die Zustände in den Häusern der Gettos waren erbärmlich. In den Korridoren türmten sich Berge von nicht abtransportierten Leichen. Hunderte waren, bis aufs Skelett abgemagert, verhungert. Es gab keine Möglichkeit, die Toten zu bestatten.

Für die Lebenden gab es keine Nahrungsmittel. Auch Edith lag apathisch in einer Ecke des Kellers im Schwedenhaus. Der Hunger war liegend leichter zu ertragen. Seit Wochen hatten die Menschen hier nichts mehr zu essen bekommen. Edith hatte keine Kraft mehr. Sie wartete auf den erlösenden Tod.
Im März 1945 eroberten die Russen Budapest, die Kämpfe hörten auf, die deutschen Truppen zogen ab. Menschliche Gespenster kamen aus den Kellern. Mit ihnen wurden nun auch die Leichenberge aus den Häusern gebracht und mit Lastwagen oder waggonweise aus der Stadt geschafft. Verlaust, verdreckt, abgemagert und krank kamen auch Edith, ihre Mutter und Großeltern ans Tageslicht. Sie hatten die mörderische Menschenjagd überlebt.
Ein siegesfreudiger Frühling begann. In den ersten Nachkriegsjahren konnte sich in Ungarn eine Demokratie des Aufbruchs, des Nebeneinander und Miteinander der verschiedensten politischen Kräfte entwickeln. Wieder wohnte Edith der großen Wohnungsnot wegen in einer Behausung, in der in jedem Zimmer eine andere Familie unterbracht war. Doch das war nicht das schlimmste. Sie konnte weiter ins Gymnasium gehen. Die Großeltern, schwerkrank, starben bald. Die Mutter brachte sie beide nun mit den verschiedensten Arbeiten, die sie annahm, durch die ärgste Not.
Im Gymnasium lernte Edith Peter kennen, der ihr Freund wurde. Obwohl Buben und Mädchen damals in der Schule streng voneinander getrennt waren und das Gebäude durch verschiedene Eingänge betreten mußten, schafften die beiden es doch, immer wieder zusammenzukommen. Edith war 16 und Peter 17, als sie sich verliebten und beschlossen, nach Matura und Peters dreijähriger Militärzeit zu heiraten. 1952 setzten sie diesen Entschluß auch in die Tat um.

Im Oktober 1956 kam es zum Aufstand der Ungarn gegen die russische Besatzungsmacht, die allmählich immer drückender erlebt wurde. Nach dem Vorbild des Staatsvertrages, der 1955 Österreich die Befreiung gebracht hatte, wollten auch die Ungarn ihre Befreier von einst nun abschütteln, die das Land zu einem Satellitenstaat des kommunistischen Ostblocks gemacht hatten. Die Ungarn rebellierten, sowjetische Panzer zogen durch die Straßen Budapests, wieder wurden Häuser zerbombt, Fenster zerschossen, wieder kam es zu Kämpfen auf offener Straße, allerdings zwischen ungleichen Gegnern. Was nützten Fäuste gegen Sowjetpanzer? Der Aufstand scheiterte, Ungarn blieb eine »Volksrepublik«.
Zahlreiche Ungarn flohen in den Westen. Darunter auch Edith, die jetzt Mutter eines einjährigen Mädchens war. Im Chaos des Umbruchs waren die bisher hermetisch abgesperrt gewesenen Grenzen – der »Eiserne Vorhang« – plötzlich offen. Doch nur für wenige Wochen, aber in diesen konnten sich fast 200 000 Menschen in den Westen retten, über die Grenze in die Freiheit, ins Nachbarland Österreich.
Auch Edith, die einst aus Österreich vertrieben worden war, kehrte im großen Strom der Ungarnflüchtlinge 1956 in dieses Land zurück. Diesmal hatte sie nicht einmal die Möglichkeit gehabt, einen Koffer mitzunehmen. Sie mußte das Baby tragen und hatte nur noch die Kraft für eine Handtasche mit Dokumenten und Windeln. Sie schloß sich im November einer Gruppe von 30 Flüchtlingen an, die mit dem Zug nach Hegyeshalom fuhren, dort ausstiegen und zu Fuß über die Felder im Dunkeln über die Grenze wollten. Sie hatten einen Führer dabei, der sie über eine Stelle im »Eisernen Vorhang« bringen wollte, wo weder Minen noch Stacheldraht waren, noch Flutlichter von den Wachtürmen aus hingelangten. Sollte doch eine Patrouille auftauchen, dann würde man versuchen,

sie durch Bestechung zum Wegsehen zu bewegen. Peter, Ediths Ehemann, sollte erst zwei Tage später über einen anderen Schleichweg weiter im Süden nachkommen.
Ediths Kind aber hätte das alles fast vereitelt. Prompt fing die Kleine, die im Zug fest geschlafen hatte, beim Aussteigen in Hegyeshalom zu brüllen an. Die Gruppe entfernte sich fluchtartig von Edith und ihrem schreienden Bündel, das ihnen womöglich die Grenzsoldaten auf den Hals gehetzt hätte. Edith blieb im Finstern allein zurück. Es war kalt, windig, der Weg führte ins Ungewisse. Doch Edith hatte Glück. Ein Nachkommender erwies sich als ortskundig und ging mit ihr den Weg durch das Gestrüpp und über die unwegsame Zone des Niemandslandes. Nach wenigen Stunden wurden sie in Nickelsdorf von österreichischen Zöllnern und Helfern hilfreich in Empfang genommen. Edith war auf österreichischem Boden.
Seltsam drehte sich das Rad der Geschichte. Diesmal war dieser österreichische Boden die Rettung für Edith. Nach 17 Jahren kehrte sie nun in ihr erstes Heimatland zurück, aus dem sie seinerzeit hinausgejagt worden war – und nun wurde sie als Ungarnflüchtling mit offenen Armen und Herzen empfangen. Genau an derselben Stelle, wo sie im Frühjahr 1939 Österreich verlassen hatte, betrat sie es im Herbst 1956 wieder.
Nur, Österreich war ein völlig anderes Land geworden. Niemand fragte mehr nach ihrer Religion, ihrer »Rasse«. Als Ebenbürtige wurde Edith willkommen geheißen. Gemeinsam mit ihrem Mann und ihrem Kind fand sie hier wieder ein Heim und Geborgenheit. Beide – Peter und Edith – fühlen sich heute als Österreicher. Ob Edith denn keine Ressentiments hat, nicht manchmal doch an das Österreich von 1938 und 1939 erinnert wird? Sie hat sich da zusammen mit ihrem Mann eine eigene Philosophie des Vergessens zurechtgelegt: »Was achtunddreißig hier geschah, das war nicht Österreich. Das war die Ostmark,

das war irgendein Gau des Deutschen Reiches. Jenes Österreich hat mit dem heutigen nichts zu tun.«
Österreich ist in der Tat heute eines der hilfreichsten Asylländer der Welt.
Nachsatz von Edith und Peter: »Möge es dies bleiben und nie wieder zu einen Land werden, aus dem irgend jemand aus irgendeinem Grund flüchten muß.«

Wir haben davon nichts gewußt

Als ich im Mai 1962 maturierte, hatte ich Österreichs große Vergangenheit zum erstenmal prüfungsreif in mir. Als ich im Mai 1968 promovierte, hatte ich Österreichs Rechts- und Staatsgeschichte zum zweitenmal prüfungsreif studiert. Beide Male endete der Lehrstoff 1916 mit dem Tod Kaiser Franz Josephs und fing bei Leopold Figl mit dem Staatsvertrag 1955 wieder an. Dollfuß und Schuschnigg kannte ich nur vom Hörensagen. Wer von beiden der Ermordete war, wußte ich nicht mit Sicherheit. Der Karl-Marx-Hof in Wien-Heiligenstadt, vor dem ich in den großen Ferien aus der Stadtbahn in den Autobus nach Niederösterreich umstieg, war mir als häßliche Trutzburg wildgewordener Arbeiterschützen vorgestellt worden. Heimwehr und Schutzbund auseinanderzuhalten, fiel mir bis heute schwer. Schon gar, was alles danach kam. SA, SS, Gestapo, Nazi – wer mich um Details aus diesem Abschnitt unserer jüngsten Vergangenheit fragt, wird mich nicht sattelfest finden. Ich kenne den Wiener Kongreß von 1815, vom Münchner Abkommen 1938 hat meiner Generation im lernfähigen Alter niemand etwas erzählt. Was die »Vaterländische Front«, was der »polnische Korridor« war – Wort für Wort mußte ich in dicken Lexika nachschlagen. Mich mit den Begriffen »Arisierung« oder »Affidavit« vertraut zu machen, bedurfte es

schon intensiveren Nachfragens. Zwischen dem Ende der Donaumonarchie und dem Staatsvertrag 1955 klafft für mich und zahlreiche Altersgefährten ein großes schwarzes Loch, nur von dem nebelhaften Wissen erfüllt, daß damals »Schreckliches« geschehen ist.
So fiel in diese Lücke meiner politischen Bildung nur ein einziger Anhaltspunkt, dieser aber wie ein gewaltiger Meteor: »Das Tagebuch der Anne Frank«, das ich irgendwann im Alter von 13 Jahren, Annes Alter, zu lesen bekam. An diesem Buch darf auch heute kein Heranwachsender vorbei, solange sein Innerstes für Entsetzen und Erbarmen noch offen und formbar ist.
Ich kann keinen Menschen verstehen, selbst wenn er wie ich mit der angeblichen »Gnade der späten Geburt« zur Welt kam, der heute erklärt, mit dem Grauen des Dritten Reiches nichts zu tun zu haben. Für mich ist dies umgekehrt: Gerade weil ich Teil dieses Volkes bin und zu diesem Land gehöre, das einmal Teil des »Dritten Reichs« war, fühle ich mich gezwungen, in diesen Abgrund der Menschheitsgeschichte zu blicken.
Den Begriff »Kollektivschuld« verstehe ich persönlich so: Wenn in diesem Land der Musik jeder unmusikalische Mensch von »unserem Mozart«, »unserem Haydn« und »unserem Strauß« sprechen kann, wenn sich jeder einzelne kollektiv, also ohne sein Verdienst, im Ruhm dieser Einzelgenies mitsonnen darf, dann ist es umgekehrt nur gerecht, wenn wir als Gesamtheit auch die Schande dieses Landes auf uns nehmen, ob wir nun persönlich daran schuld sind oder nicht. Ich sage dies, gerade weil ich als Österreicherin in der Welt einmal wieder geachtet werden will.
Deshalb kann ich als Österreicherin nicht umhin, den Politikern aus der Frühzeit der Zweiten Republik eine Menge vorzuwerfen. Daß meine Geschichtsbücher höchst unvollständig waren etwa, oder daß mit dem Hölzl, das

uns die Siegermächte hinwarfen, nämlich »Opfer des nationalsozialistischen Aggressors« gewesen zu sein, viele Nazi-Mitläufer ein herrliches Alibi gehabt haben. Daß die beschriebenen Mitmenschen, die wir heute verharmlosend »Emigranten« nennen, so als wären sie freiwillig gegangen, nicht offiziell und in einem allerersten Schritt des gemeinsamen »Wiederaufbaus« zurückgerufen wurden. Und ferner, daß sich Österreich mit dieser Ausrede, nämlich selbst »Opfer« gewesen zu sein, um Wiedergutmachungen, Schadenersatzansprüche und Pensionszahlungen drückte.

So aber bin ich nicht die einzige, deren Beziehung zu diesem Land gebrochen ist. Wie ich auch als Katholikin in einem gestörten Verhältnis zu meiner Kirche lebe, die den Nationalsozialismus nicht annähernd so wortgewaltig bekämpfte, wie es die Gebote der Nächstenliebe verlangt hätten.

Doch ich habe der Zeit nach 1945, in der ich heranwuchs, trotz aller Versäumnisse doch eines zugute zu halten. Ich meine nicht den Wiederaufbau, denn ich sehe darin nichts Besonderes, daß Menschen in zerbombten Häusern lebten, den Schutt wegräumten, in Fenster Pappendeckel statt Glas einsetzten und schließlich wieder ihren oft gar nicht so lupenreinen Geschäften nachgingen. Ich erinnere mich selbst noch an den Geruch von Trümmerstaub und Trockenmilch und werde den Wintermantel aus dem CARE-Paket, den zuerst mein Bruder, dann ich jahrelang getragen haben, nie vergessen. Der »Mythos« vom Wiederaufbau, wie toll wir gewesen sind, daß wir aus dem Schutt wieder aufsteigen konnten, beeindruckt mich wenig. Jede Ameise baut ihren Haufen wieder auf, wenn er zerstört wird.

Besser gesagt, dieser Wiederaufbau beeindruckt mich nicht mehr als die Armut, das Elend und die Not der Flüchtlinge, die wir davongejagt haben und die mit noch größeren Anstrengungen anderswo eine neue Existenz aufgebaut haben, in fremden Ländern und mit unzulänglichen Sprachkenntnissen. Ich finde es geradezu ekelhaft, wenn einige von uns den »Emigranten« sogar vorwerfen, daß sie es »drüben geschafft haben«, ihr »Wiederaufbau« wird ihnen vorgeworfen, unserer soll uns aber Respekt eintragen?

Mit der größten Dankbarkeit aber möchte ich vermerken, daß ich in diesem Österreich, in der Zweiten Republik, in Volks-, Mittel- und Hochschule eine zwar unpolitische, aber doch profund humanistische Erziehung erhalten habe, eine Erziehung zur Demokratie, zur Courage, zur Mitmenschlichkeit, in der für Fremdenhaß, überhöhten Nationalstolz, Religionsfeindlichkeit kein Platz mehr ist. In der siebenten und achten Klasse durften wir auf Einladung des Europarates in Referaten und Aufsatzwettbewerben von einem Vereinten Europa träumen, unsere inneren Gleise wurde eher in Richtung Weltbürgertum als Nationalpatriotismus gelegt. Ich möchte mir diesen humanistischen Idealismus der Gymnasialzeit behalten, obwohl oder gerade weil ich auch seine utopische Seite erkenne.

Stichwort: Verlust. Als Journalistin komme ich, wie man so sagt, viel in der Welt herum, interviewe Menschen, recherchiere zu den verschiedensten Themen und unterschiedlichsten Ereignissen. Als ich einmal einen Artikel über den neuesten Stand der Pflanzengenetik schrieb, kam ich dabei auch nach Israel zu Professor Nachum Kedar von der Fakultät für angewandte Landwirtschaft der Universität Jerusalem in Rehovot. Ich traf ihn in einer der pionierhaft anmutenden Forschungsbaracken. Bescheiden empfing er mich, in sich gekehrt, leise, mit würdevollem Benehmen. Wir sprachen englisch. Bis er mich fragte: »Do you want me to speak german?« »Of course«, war meine Antwort, weil es leichter ist, über Blüten, Stempel und Samen in der eigenen Sprache zu reden. »Wieso können Sie denn Deutsch?« fragte ich den sanften Pflanzenprofessor. »Ich bin doch bis achtunddreißig in Wien ins Schopenhauergymnasium gegangen«, war seine leise, melancholische Antwort.

Professor Kedar ist nur ein Beispiel dafür, wie sehr heute begabteste Österreicher überall auf der Welt verstreut sind. Als Österreicherin trauere ich um den immensen Verlust, den sich dieses Land selbst zugefügt hat, indem es seine Literaten, Musiker, Wissenschaftler, Ärzte, Nobelpreisträger und Wirtschaftsgenies nicht nur vertrieben, sondern später auch nie mehr zurückgeholt hat.

Auch um die Unbekannten trauere ich, die Schneider, Schuster, Handwerker in der Leopoldstadt gewesen sind, und um die Armen unter ihnen. Ich trauere um den Verlust der Vielfalt, des Nebeneinanders von verschiedenen Religionen, Weltanschauungen und Bräuchen. Denn wo das friedlich möglich ist, herrscht Demokratie, nicht nur eine auf dem Papier, sondern eine gelebte Demokratie.

Stichwort: Courage und Humanität. Ob ich Anne Frank gerettet hätte? Die Frage wird mich bis an mein Lebensende beschäftigen. Aber schon jetzt sind mir die Grenzen eines solchen Planes bewußt. Denn selbst wenn ich über ein »Hinterhaus« verfügte, wie das, in dem Anne bis zu ihrer Deportation zusammen mit anderen Menschen versteckt gewesen war, würde dieses Versteck nicht annähernd ausreichen, um all die jüdischen Freunde und Bekannten unterzubringen, die ich mittlerweile überall auf der Welt gefunden habe.

Da ist zum Beispiel Friedl Suchodollar, dessen witziger Name die Herkunft der Familie aus einem böhmischen Dorf gleichen Namens verrät, den wir aber alle »Sucho« rufen. Er war der erste jüdische Emigrant, den ich kennenlernte und der mich auf die Idee dieses Buches brachte. Er kommt darin selbst nicht vor, weil er erwachsen war, als er emigrierte, und ich mich vor allem um Schicksale vertriebener Kinder bemühte. Sucho hat knapp nach dem Bürgerkrieg 1934 als aktiver Sozialist seine Heimatstadt Wien verlassen.

Dann begann ich George Clares große Familiensaga »Letzter Walzer in Wien« zu lesen, ein Taschenbuch, das mir mein Mann, Ferry Radax, für den Urlaub im Süden gekauft hatte. Bald stellte sich heraus, daß außer dem Titel nichts Heiteres an dem Roman war. In dieser »Chronik vom Untergang einer Familie« habe ich mehr über das Wien zwischen 1918 und 1938 erfahren als aus jedem anderen politischen Werk, von denen auch allmählich immer mehr auf den Markt kamen. Endlich wußte ich, was die jüdischen Wiener nach dem Anschluß mit Zahnbürsten und bloßen Händen vom Pflaster wegzuwaschen hatten. Endlich wußte ich Dollfuß und Schuschnigg auseinanderzuhalten, sah ich die Menschen vor mir, die nicht am Heldenplatz jubelten, sondern zu Hause weinten, und konnte ich mir das Entsetzen, das die Reichskristallnacht in ihnen auslöste, vorstellen. Ich war in jenem Sommerurlaub so sehr in diese mir bis dahin dunkle österreichische Nacht eingetaucht, daß ich vergaß, mit den anderen ins Meer baden zu gehen. Seite für Seite trug dieser Roman im Dreivierteltakt gigantische Wellen des Unfaßbaren an mich heran. Keine noch so strahlende Mittelmeersonne konnte mich über die dunklen Kapitel in Österreichs Geschichte hinwegtrösten.

Nun galt meine Trauer nicht mehr nur Anne, sondern auch allen ihren Brüdern und Schwestern, die mitten aus unserer Stadt, aus unserer Gasse, aus dem Haus, aus der Wohnung von nebenan herausgezerrt worden waren. Ich begann diese Geschwister der Anne Frank zu suchen, die im Unterschied zu ihr das große Glück gehabt haben, diesen Terror zu überleben. Ich fuhr zu George Clare nach England. Ich ließ mir die Geschichte seiner Flucht aus

Wien 1939 ausführlich erzählen. Das war der Anfang dieses Buches.
Dann lernte ich in Wien auf einer Beisel-Tour den Maler Georg Chaimowicz kennen. Sein Rindsschnitzerl mit Champignons bei den »Drei Hacken« ist kalt geworden, so detailliert mußte er mir schildern, wie er damals als Zehnjähriger, vom Scharlach geschwächt, aus Wien geflohen ist. Wovon haben sie zu fünft ohne Geld in Kolumbien gelebt?
Ich wurde hellhörig. Fragte weiter nach Buben und Mädchen, die ebenso aus dieser Stadt geflüchtet und irgendwo in England, Amerika, Israel, Südamerika oder Shanghai untergekommen sind. Beim Anhören jedes einzelnen Schicksals begleitete mich ein Gedanke wie ein Leitmotiv: Das darf doch alles nicht wahr gewesen sein!
Es gibt einige, die ich noch gerne hätte zu Wort kommen lassen, die sich dem Gespräch aber entzogen. Professor Kedar zum Beispiel hat nicht nur seinen ehemaligen Namen total abgelegt, er wollte auch, wie er mir schrieb, »persönlich nicht gerne über diese nicht sehr angenehmen Erinnerungen an 1938 sprechen«.
Oder George Temmer, damals Schüler am Wiener Gymnasium auf der Stubenbastei, heute Direktor i. R. des kernphysikalischen Instituts der Universität New Jersey, USA. Er war sofort »froh, zu diesem Buch etwas beitragen zu können«, weil »es ja höchste Zeit ist, daß Österreich nachholt, was die Bundesrepublik Deutschland schon seit langer Zeit getan hat«, wie er mir schrieb. Er mußte dann aber statt zum Gespräch ins Spital. Die Kinder von einst sind in den 50 Jahren nicht jünger geworden. Um so mehr war es an der Zeit, ihre Geschichten niederzuschreiben.
Stichwort: Trauer. Trauer ist nicht vererbbar. Mein Problem besteht darin, wie ich das Wissen um diese schrecklichen Ereignisse, das mir selbst lange fehlte, an meine Kin-

der weitergeben kann. Die heute Heranwachsenden reagieren auf diese ferne Zeit, in der ihre Großeltern jung gewesen sind, wieder ganz anders als zum Beispiel ich.
Als meine Dreizehnjährige aus der Schule nach Hause kam, wo sie (immerhin!) im katholischen Religionsunterricht einen Film über ein Konzentrationslager sah, reagierte sie darauf etwa so, wie amerikanische oder englische Bürger während des Zweiten Weltkriegs reagierten, als sie von den freigelassenen KZ-Häftlingen erste Horrorberichte vernahmen: Sie glaubte es nicht. »Das ist doch nicht möglich, das kann es doch nicht gegeben haben, daß ein SS-Mann ein Kind einfach abgeknallt hat. Sag mir, daß das nicht wahr ist!« flehte sie. Was sollte ich darauf sagen? Da helfen nur Augenzeugenberichte, Dokumentaraufnahmen.
Und wie meine Tochter sich das Ausmaß der Macht auf der einen Seite nicht vorstellen kann, so kann mein siebenjähriger Sohn sich das Ausmaß der Ohnmacht auf der anderen Seite nicht erklären. Der mit dem unerschütterlichen Glauben an seine Allmacht ausgestattete Volksschüler fragt seither immer wieder entsetzt: »Warum sind die Juden denn nicht einfach davongelaufen?«
In den Augen der Kinder kann der Greuel nicht stattgefunden haben. Die einen können nicht so grausam, die anderen nicht so hilflos gewesen sein, ist ihre Meinung. Und zu allem auch die Stimme wohlmeinender Freunde, die mir vorwerfen, daß ich »die Kinder überhaupt mit diesen gräßlichen Geschichten von damals belaste«.
Gräßlich sind sie wohl, von »damals« aber so lange nicht, als wir sie nicht kennen und wir uns nicht gemeinsam – Juden und Christen – grundlegend damit auseinandergesetzt haben. Es muß doch möglich sein, daß wir einmal wirklich Brüder und Schwestern werden. Die Juden als unsere »älteren Brüder«, wie Papst Johannes XXIII. es formulierte.

In diesem Sinne habe ich dieses Buch geschrieben, habe ich gefragt, gesucht, zugehört und notiert. Ich habe nicht viel getan, habe nur die Kinder von damals, den Sigi, die Susi, den Egon, den Fritz, die beiden Georgs, die Edith, den Fred, den Paul und die Rita, die 1938 zwischen sieben und 17 Jahre alt waren, erzählen lassen und habe ihre wahren Geschichten niedergeschrieben. Mein Beitrag, sie zu Wort kommen zu lassen, ist klein! Ich habe »nur meine Pflicht getan«, ihnen als Journalistin zur verdienten Veröffentlichung ihrer Schicksale zu verhelfen.

Mehr als nur ihre Pflicht hat die Lektorin Britta Groiß getan, die vor der schwierigen Aufgabe stand, die Berichte gemeinsam mit dem zeitgeschichtlich versierten Verlagskorrektor Edwin Felsinger auf ihre historische Genauigkeit zu überprüfen. Die persönlichen Erinnerungen der Emigranten mögen im Laufe der Jahre da und dort unscharf geworden sein. Aber man darf nicht vergessen, daß die Ereignisse durch ihre Dramatik in den Augen der damaligen Kinder eine besondere Dimension gewonnen haben. Außerdem handelt es sich um eine Zeit, die noch nicht aufgearbeitet ist. Wir glauben, daß diese Geschichten durch ihre Fülle an Details aus dem »Alltag« der verfolgten Juden dazu beitragen, das Wissen über diesen Zeitabschnitt zu bereichern.

Wien, im März 1988 Senta Radax-Ziegler

Alliierte – sind Verbündete. Im Zweiten Weltkrieg Bezeichnung für die Staaten, die gegen Deutschland kämpften (vor allem UdSSR, USA, Großbritannien und Frankreich).

Diaspora – Bezeichnung für die unter Andersgläubigen zerstreut lebenden Mitglieder einer Religionsgemeinschaft, auch für die Gebiete, in denen sie wohnen.

Gestapo – Abkürzung für Geheime Staatspolizei, die politische Polizei in der Zeit der Herrschaft der Nationalsozialisten. Die Gestapo bekämpfte mit brutaler Gewalt alle politischen Gegner, alle staatsgefährlichen Personen, Institutionen und Ideen. Die Auslegung des Begriffes »staatsgefährlich« lag in ihrem Ermessen.

Goi – nennen die Juden einen Nichtjuden.

Konzentrationslager – wurden erstmals von den Spaniern in Kuba sowie von den Briten im Burenkrieg errichtet. In Deutschland begannen die Nationalsozialisten 1933 mit dem Bau von Konzentrationslagern. Bis 1944 erhöhte sich deren Zahl auf 22. Insassen der KZs waren nicht nur politische Gegner der Nazis, sondern alle Personengruppen, die aus ideologischen Gründen (Bibelforscher, Geistliche) oder als sogenannte »Asoziale« (Arbeitsscheue, Gewohnheitsverbrecher, Homosexuelle) zu »Volksschädlingen« deklariert wurden. Die

Häftlinge mußten Zwangsarbeit unter menschenunwürdigen Arbeitsbedingungen leisten, waren Hunger, Seuchen, Strafen und Quälereien ausgesetzt. In den meisten KZs wurden medizinische und andere Versuche an den Insassen durchgeführt. Nach der 1941/42 beschlossenen »Endlösung der Judenfrage« wurden Vernichtungslager mit großen Vergasungseinrichtungen und Krematorien erbaut. Bis 1945 wurden zwischen 5 und 6 Millionen jüdische und mindestens 500 000 nichtjüdische Menschen getötet.

Kristallnacht – In der Nacht vom 9. auf den 10. November 1938 von den Nationalsozialisten organisiertes Pogrom (Verfolgung) gegen die Juden. Die Synagogen wurden in Brand gesetzt, jüdische Geschäfte zerstört, es gab zahlreiche Tote. Mehr als 30 000 Juden wurden verhaftet und für einige Zeit in ein KZ eingeliefert. Zweck dieser Gewaltakte war, die Juden zur Emigration zu bewegen.

Montessori, Maria – italienische Ärztin und Pädagogin, erarbeitete moderne Unterrichtsmethoden.

Nürnberger Rassengesetze – vom nationalsozialistischen Reichstag am 15. September 1935 beschlossene Gesetze, die diskriminierende Vorschriften gegen Juden enthielten, z. B. wurde die Ehe zwischen Juden und Deutschen verboten. In den folgenden Jahren wurden diese Gesetze erweitert (u. a. wurden die Juden aus dem Wirtschaftsleben und von den Hochschulen ausgeschlossen), mit dem Ziel, die Juden aus dem öffentlichen Leben zu entfernen.

Polnischer Korridor – Bezeichnung für den Gebietsstreifen zwischen Pommern und der Weichsel, den das Deutsche Reich im Versailler Vertrag 1919 an Polen abtreten mußte. Polen mußte den ungehinderten Bahn-, Schiffs-, Post-, Telefon- und Telegrafenverkehr durch den Polnischen Korridor sicherstellen.

SA – Abkürzung für Sturmabteilung. Sie wurde in Straßenkampf und Propaganda zur Terrorisierung politischer Gegner eingesetzt.

SS – Abkürzung für Schutzstaffel. Sie war anfänglich für den persönlichen Schutz Hitlers zuständig und übernahm die Verwaltung und Bewachung (SS-Totenkopfverbände) der Konzentrationslager und die systematische Ausrottung der Juden.

Vaterländische Front – 1933 gegründete überparteiliche Zusammenfassung aller regierungstreuen Österreicher

Adèle Geras

Schiff der Hoffnung

Die alte Heimat haben sie noch nicht ganz hinter sich gelassen, die Neue Welt – das Land ihrer Träume jenseits des Ozeans – ist noch weit entfernt. Im Augenblick ist das große Schiff ihre Welt, in der sie auf engstem Raum miteinander auskommen müssen: Mina und ihr kleiner Bruder; die scheue Rachel und ihr Vater; der alte, gelehrte Herr Kaminsky; die praktische Golda und ihr Baby; Yasha, der leichtlebige junge Mann und Clara, die feine alte Dame, die einmal bessere Zeiten gesehen hat. Auf diesem kleinen Punkt, der auf dem Wasser schaukelt, auf dieser Lücke zwischen zwei Welten geht das Leben seinen gewohnten Gang. Ein Kind wird geboren, ein Mensch stirbt, zwei Verliebte finden sich . . .

156 Seiten. Für Mädchen ab 12.

UEBERREUTER